世界的扬州·文化遗产丛书

在江河湖海之间

—— 大运河扬州段文化遗产

东南大学出版社

图书在版编目（CIP）数据

在江河湖海之间：大运河扬州段文化遗产/冬冰主编.—南京：东南大学出版社，2014.5
（世界的扬州·文化遗产丛书）
ISBN 978-7-5641-4870-6

Ⅰ.①在… Ⅱ.①冬… Ⅲ.①大运河—文化遗产—介绍—扬州市 Ⅳ.① K928.42 ② K295.33

中国版本图书馆 CIP 数据核字（2014）第 072812 号

书　　名	在江河湖海之间
	——大运河扬州段文化遗产
出版发行	东南大学出版社
社　　址	南京市四牌楼2号　邮　　编：210096
出 版 人	江建中
责任编辑	戴　丽　杨　凡
网　　址	http://www.seupress.com
印　　刷	利丰雅高印刷（深圳）有限公司
开　　本	960mm×650mm　1/16　印张：15.25　字数：170千字
版　　次	2014年5月第1版
印　　次	2014年5月第1次印刷
书　　号	ISBN 978-7-5641-4870-6
定　　价	78.00元
经　　销	全国各地新华书店
发行热线	025-83791830

本社图书若有印装质量问题，请直接与营销部联系。电话（传真）：025-83791830

世界的扬州·文化遗产丛书
在江河湖海之间 —— 大运河扬州段文化遗产

总　　编：董玉海
主　　编：冬　冰
副 主 编：刘马根　徐国兵　姜师立　刘德广

组织编撰机构：
江苏省扬州市文物局（扬州市申报世界文化遗产办公室）

执行主编：孟　瑶
编撰人员：光晓霞　张　益　郭　果　钟行明　柴杨波
　　　　　　贺　辉　杨　萍

序

郭旃 国际古迹遗址理事会(ICOMOS)副主席

满怀欣喜祝贺《世界的扬州·文化遗产丛书》成书,发行。

关于扬州,古往今来,不知有多少记录和描述。

这次,史无前例的,是在世界遗产的语境中,从全人类文明史发展进程的角度和高度,对扬州所可能具有的世界价值进行新的探讨;是对扬州的过去和现在广泛、深刻的再发现,再认识;是在吸收新的考古发现和研究成果的扎实基础上,梳理和依据确凿的事实和深邃的内涵,进一步发掘、升华和弘扬她的历史成就和当代意义;也是对扬州文化遗产保护新的全面推动、引导、促进、加强和发展;并将影响到扬州以外相关的方方面面。

世界范围的对比,是彰显一个文化、一处文化遗产组合的特质、意义和价值最令人信服的一种途径和方式。

千百年来,不同文化、不同族群、不同地域之间的和平交流和融合,始终是促进人类文明整体进步和繁荣最重要、最明显、最富有成效、不可或缺的因素之一。海上丝绸之路因而受到了联合国教科文组织一致、高度的重视;也因而,有了上个世纪80年代末90年代初来自全球的学者和政府代表对丝绸之路的国际联合考察盛举。

扬州不仅在海上丝绸之路中熠熠生辉,而且牵挂着陆地丝绸之路的远行……

运河作为人类文明交流、沟通的动脉,是人类历史上最伟大的工程和创造。其对文明社会发展的保障和贡献,犹如循环往复、融会交流的大动脉;在古代社会，其作用和意义更是无与伦比。

国际公认，中国的大运河无疑是运河中最伟大的一个。无论悠远的过去，还是磅礴的现在，中国大运河对于人类文明进步的影响和作用，都值得全世界赞叹和借鉴。

有国际同行深思和探问，可以看出，西方很多运河都体现出中国运河的古老技术和成就。但是，无论是已经被列入《世界遗产名录》的，还是那些其他的运河，迟于中国运河千余年的她们，是何时，经过何种途径、方式和过程，实现了跨世纪的引进和移植，还是一个谜。

而无论这个千古之谜的答案会有多少，可以肯定的是，和大运河的初创与发展始终密不可分的最著名城市扬州的千年风流，都会是谜底中一幅华丽的篇章。

也有哲人讲，作为人类最杰出成就之一的大运河对于沿岸历朝历代的人民来说，"不是生母，就是乳娘"。作为不同经济、文化发展区域结合点和特殊地理、水域汇合处的扬州，在运河初创和形成过程中的关键地位和作用，和她伴随运河而促生、延续与蓬勃扩展的繁荣，使得她无论在城市格局、建筑、规模、风貌，还是在融汇北雄南秀的综合文化内涵与人文气质，乃至政治经济地位和影响力等各个方面，都独占运河城市的鳌头。以至有国际同仁感叹，世界上再也找不出哪座城市，如扬州般与世间一条最伟大的运河如此相辅相成，造就如此的人间昌盛和永恒。哪怕是驰名的运河城市——荷兰的阿姆斯特丹。

说到扬州融汇的"北雄南秀"，还会想到她历史上特有的庞大的盐商群体、盐商文化，可追溯到战争与和平的瘦西湖，那独具一格的扬州园林，以及这一切关联着的社会政治经济制度和变迁。

世界遗产事业作为人类深层次、高水平、多维度大环保事业和人类可持续发展战略的一部分，不分民族、地域、国度、政体，受到普世的关注、重视、支持和热情参与，长盛不衰。

扬州丰富的内涵、特色和潜质，给扬州争取世界文化遗产的国际地位带来了极大的优势，但也造成了"纠结"——多样的可能和选择，多种机会，但可能只能优先选一。这体现在本丛书的内容和章节中，分出了几大类：瘦西湖、大运河和海上丝绸之路。

一般单从世界遗产的申报来讲，考虑到世界遗产申报的组合逻辑，及当前世界遗产申报限额制与国家统筹平衡的现实，首先申报与扬州历史城市特征及盐商文化传统密切相关，同时也与运河相呼应的瘦西湖、扬州历史城区和园林，妥善命名，作为一组申报，不失为一种选择。

在这一组合申报成功之后，再在合理调整内容的基础上，分别加入大运河、海上丝绸之路的申报组合，形成或交错形成扬州多重世界遗产的身份，是可行的。

另一种选择，作为大运河最突出典范的运河城市和最关键节点，首先参加大运河的世界遗产联合申报。这无疑在近期排除了再单独申报扬州为世界遗产的选择。但这应当不会削弱扬州整体的文化地位和内在的遗产价值，也不影响未来在海上丝绸之路申报世界遗产时的关联。

海上丝绸之路的世界遗产申报还没有近期的计划和预案。可以肯定的是，一旦行动，扬州必会是其中一个亮点。

扬州申报世界遗产的"纠结"源于她的优势，是一种挑战，但不是负面的问题。相信《世界的扬州·文化遗产丛书》会给我们很多相关的启示，进一步有助于"解题"，更加明确地全面促进和推动相关的研究、保护、解读和展示工作。

最要紧的是，扬州有着深厚的文化底蕴，有着不同凡响深爱着家乡和国家、具有高度文化自觉和文明水准的民众和来自四面八方的拥趸；有着顺应民意、愈来愈重视文化遗产保护与传承的当地政府；还有一支淡泊名利，珍视历史使命和机遇，痴心文化遗产事业，又特别能战斗，求实认真，并日渐成熟的专业队伍。这使得相关的努力与世俗的"文化搭台，经济唱戏"不可同日而语，成果和效应也必然会泾渭分明。《世界的扬州·文化遗产丛书》的编辑出版就是又一次明证。

扬州从来就是一个开放的国际化城市。近几年在文化景观、运河遗产等文化遗产各个领域的国际研讨中，扬州又成了全世界同行的一处汇聚地和动力源。联合国教科文组织倡导的新形势下的"城市历史景观"（HUL）保护，扬州的实践也早就在其中。

全世界庆祝和纪念《保护世界文化与自然遗产公约》40周年的活动还在余音缭绕之际，在中华大地上，《世界的扬州·文化遗产丛书》为世界遗产这一阳光事业又奏响了新的乐章。

是为之序。

2013年2月18日

序：让历史成就未来
——扬州文化遗产概述

顾 风

2007年夏，在时任扬州市长王燕文的倡导下，我们鼓足勇气赴京参加了由国家文物局主持的大运河牵头城市的角逐，并最终如愿以偿。政府破例给了十个全额拨款事业单位的名额，于是招兵买马，网罗人才，筹建大运河联合申遗办公室，开始踏上原本我们并不熟悉的申遗之旅。五年过去了，我们这艘"运河申遗之舟"，涉江湖，过闸坝，绕急弯，正在一步步驶近申遗的目的地。五年之中我们在承担大量行政工作的同时，有机会与不同学术背景的中外专家、高校和科研机构接触、合作，通过环境的熏陶和实践的锻炼，我们这支队伍正在快速地成长进步，成为当下和未来扬州文化遗产保护的生力军。五年当中，我们通过对扬州文化遗产全面的研究梳理，2012年扬州市被列入世界遗产新预备名单的申遗项目已从2006年仅有的"瘦西湖及扬州历史城区"扩展调整为"大运河（联合）、瘦西湖和扬州盐商历史遗迹（独立）、海上丝绸之路（联合）"三项。五年之中，我们另外的一大收获是，通过学习和探索，得以用新的视角对扬州的文化遗产及其价值做出判断和阐释，使我们对扬州这座伟大的城市有了更加清晰、贴近历史真实的深刻认识。

扬州是一座在国内为数不多的通史式城市，她的文化发展史可追溯到6500年前新石器时代中期，在高邮"龙虬庄"文化折射出江淮东部文明的曙光之后，便连绵不绝。进入封建社会以来，更是雄踞东南，繁荣迭现，影响中外。从汉初开始，吴王刘濞凭借境内的铜铁资源、渔盐之利，把吴国建成了东南地区最具影响力的经济文化中心。其后虽有代兴，但终其两汉，广陵的地位未曾动摇和改变。六朝时期，南北割据，战争频仍，作为南朝首都的重要屏障，广陵战略地位的重要性凸显出来，成为兵家必争之地。隋文帝南下灭陈，结束分裂。一统天下后，在扬州设四大行政区之一的扬州大行台，总管南朝故地，扬州成为东南地区政治、经济、文化中心。杨广即位后，开凿大运河贯通南北，连接东西，扬州具有面江、枕淮、临海、跨河的优越交通条件。作为龙兴之地的扬州，顺其自然地跃升为陪都。中唐以前，扬州虽然有着大都督府或都督府的行政地位，但主要还是依靠隋朝历史影响的延续。

"安史之乱"爆发以后，北方广大地区遭受了严重破坏；北方人口躲避战乱，大量南迁；唐王朝依赖东南地区粮食和财富；国家的经济结构和布局发生了重大变化，不得不作出相应的调整。扬州成为东南漕运的枢纽和物资集散地，赢得了历史上难得的发展机遇，区位优势得到了整体的发挥。扬州成为长安、洛阳两京之外，全国最大的地方城市和国际商业都会。唐末扬州遭受毁灭性的破坏，此后，通过五代、北宋的修复，依然保持着江淮地区政治、经济、文化中心的地位。进入南宋，淮河成为宋、金分治的界线，而扬州则成了南宋朝廷扼淮控江的战略要地。其城市性质发生了相应的变化，由一座工商繁荣的经济城市逐渐向壁垒森严的军事基地转变。蒙元帝国建立后，对全国行政系统进行了重大改革，行省制度的建立从政治上巩固了国家的统一，加强了中央集权。元代扬州作为江淮行省机关所在地，管辖范围包括今天江苏的大部、安徽省淮河以南地区、浙江全省和江西省的一小部分。作为东南重镇，其政治、经济地位和文化的影响力远在同时的南京、苏州等城市之上。明清扬州作为两淮盐业中心和漕运枢纽仍然保持着持续的繁荣，尤其在文化方面所具有的影响力和号召力并不因为行政地位的下降而有丝毫的动摇和变化。相反，到清代中期，愈发熠熠生辉，光彩照人。扬州的衰落始于盐业经济的衰落；继之于上海、天津等地的开埠，江南铁路铺设，漕运中止，商业资本大量转移。在这些因素的综合作用下，熊熊的火炉渐渐地失去了以往的能量和温度而慢慢地熄灭。失去了历史风采的扬州，最终不得不让位于上海。这座兴盛于汉，鼎盛于唐，繁盛于清，持续保持了两千年繁荣的城市曾经为中国封建社会的发展进步作出过巨大的贡献，也因此经受了无数次的毁灭和重生。

大运河（扬州段）　盘点扬州文化遗产，大运河和扬州城遗址具有举足轻重的分量和特殊的价值。邗沟是中国最早开凿的运河之一，同时也是正式见诸史籍记载的最早的运河。邗沟的开凿为千年之后大运河的开凿起到了重要的示范作用，这是大运河扬州段的价值之一。其二，自春秋以来，扬州段运河的开凿和整治以及城市水系的调整几乎没有停止过。运河在扬州段形成了交通网络和水系，也形成了运河历史的完整序列，扬州段的运河就是一座名副其实的运河博物馆。其三，由于古代扬州优越的地理位置和经济地位，扬州从唐代开始，一直是漕运的枢纽，所以无论是隋开大运河以后，还是元开南北大运河以后，扬州段的地位都极为重要。其四，作为承担历代漕运繁重任务的运河淮扬段在处理与长江、淮河、黄河三大自然水系的诸多矛盾的过程中，在中国这一用水治水的主战场上，集中使用了最先进的治水理念和水工技术。其五，漕运停止了，北方的运河渐渐失去了活力，有的甚至消失得无影无踪。作为今天北煤南运的重要通道，作为南水北调的东线源头，扬州段的运河还呈现着勃勃生机，这种充满活力的状态不仅体现了大运河这个世界运河之母的强大生命力，也是对大运河这一大型线性活态文化遗产价值的有力支撑。

在农耕文明生产力水平十分低下的条件下，古人"举锸如云"，用血肉之躯开凿运河把一座座城镇联系起来，运河的形成又为沿河城镇提供源源不断的能量，让城镇得以成长和兴旺，同时还不断催生出新的城镇，运河不断积累着中华民族的智慧和经验，也不断促进着中国封建社会的繁荣与进步。

尽管运河城市大都有着相似的成长经历，但是扬州城市和运河同生共长的历史和城河互动的发展关系堪称中国运河城市鲜活的杰出范例，同时也体现着扬州文化遗产的特殊价值。大运河孕育了扬州的多元文化，大运河也成就了扬州两千年持续的繁荣。

扬州城遗址（隋－宋） 扬州城遗址面积近20平方公里，是通过专家评审遴选出来，又经国家文物局正式公布的全国100处大遗址之一。把一个联系着城市的前天、昨天和今天的遗址公布为全国重点文物保护单位，它的突出及普遍价值在哪里呢？首先，扬州在文明发展进程中具有历史中心的地位和作用。长期以来作为国家或区域性的政治、经济、文化中心，它的作用和影响长期超越地域范围，是代表国家民族身份的。其次，由于城市东界运河，南临长江，特定的地理环境决定了城市的发展空间和发展模式。扬州城的历史发展变化具有空间和时间上的延续性，有别于长安、洛阳那些具有跨越发展特点的城市，从而成为中国历史城市类型的独特范例。其三，扬州兼有南方城市、运河城市、港口城市的性质，因此，它在城市形态、城市水系、城市交通、建筑风格方面都有着鲜明的特点。其四，曾经作为国际国内的商业都会、对外交往的窗口、漕运的枢纽、物资集散地和手工业生产基地，扬州城遗址蕴藏的文化内涵是极为丰富的。它的考古成果对研究中国城市的发展历史十分重要。其五，城市制度的先进性。作为繁华的经济中心，发达的商业和手工业必然对城市的布局、功能分区有所影响，并在城市制度方面也应有所体现。根据史料记载，唐代扬州是有别于两京，率先打破里坊制，出现开放式街巷体系的城市。扬州热闹的夜市，丰富的夜生活，赢得了中外客商和文人雅士的由衷赞美。扬州城市制度划时代的变革对中国城市产生了深远的影响。其六，正因为扬州城存在着发展空间和时间上的延续性，所以城市遗址是属于层叠形态的。它的物理空间有沿有革，但始终存在着有机的联系。

尽管扬州历史上屡兴屡废，大起大落，但城市的性质是延续的，城市发展规律还是渐变而非突变的。

明清古城 明清古城位于扬州城遗址的东南部，面积仅有5.09平方公里，属于全国重点文物保护单位扬州城遗址的重要组成部分。作为扬州主要的文化遗产，它的价值也是多元的。第一，历史空间和历史风貌。作为明清时代扬州的主城区，它是在元末战争结束之后，当时根据居住人口和经济状况重新规划建设的。但很快随着经济的发展和人口的增加，在城市东部出现了新的建城区，最终在嘉靖年间完成了新城的扩建，形成了新城、旧城的双城格局。明清古城蕴含着城市600年来大量的历史信息，尤其还保存着真实并相对完整的历史风貌和历史空间。第二，复杂而发达的街巷体系。由于商业的繁荣和高密度的居住人口，为不断适应城市生活的需求，交通组织需要作出相应的调整。复杂而发达的街巷体系成为了扬州独特的城市肌理。第三，城市物理空间的组织和利用。城市物理空间的组织利用水平体现了前人的智慧和能力。明代后期扩建新城一定程度上满足了城市功能的需要，缓解了人口居住的压力。但入清以后，随着盐业经济的迅猛发展，大量外地人口的迁入，这一矛盾又凸显出来。由于运河流经城市的东界和南界，建城区的扩张受到空间的制约。解决问题的有效办法只能是提高城市土地和空间的利用率。狭窄的街巷、鳞次栉比的建筑，凝聚着千家万户的智慧。不同的空间，不同的形式，在这里得到了统一；通风采光的共同需求在这里得到了满足。前人这种高度节约化又体现和而不同的城市规划成果，不仅赢得了当今国际规划大师的赞叹，也足以让众多死搬洋教条的规划师们汗颜。第四，建筑风格的多元化和对时尚的引领。扬州从历史上来说就是一个移民的城市，毁灭与重生，逃离和汇聚，在这里交替发生。商业都会的地位、漕运的枢纽、盐商的聚居、各省会馆的设立，带来了安徽、浙江、江西、山西、湖南等不同地域的建筑文化。这些不同的建筑文化在扬州并不是被简单的复制，而是通过交流、融合，在结构、布局、功能分配甚至工艺、材料的运用上都不断创新，最终汇集为外观时尚新颖、内涵丰富多元的扬州地方建筑特色。博采众长、开放包容、和而不同作为扬州文化的主旋律在扬州建筑文化方面表现得十分直观和生动。扬州式样在引领时尚的同时，也不断辐射和影响着周边省市。第五，盐商住宅的独特价值。两淮盐业经济是扬州的传统产业，明清时期盐业成为这座城市赖以生存和发展的支柱产业。由于靠盐业垄断经营，作为两淮盐业中心的扬州，自然成为盐商聚集的首选之地。扬州在唐代就拥有许多以姓氏命名的私家园林，在盐业资本的作用下，盐业经济呈现出畸形繁荣。建造豪宅、庭园成为一时风尚。个性设计、外观宏伟、结构严整、功能齐全、材料讲究、工艺精湛、园亭配套，成为这类建筑的基本特征。现存的这批盐商宅、园既是扬州盐商的生活遗迹，也是曾经对中国经济、文化产生重要影响的扬州盐商的历史符号，更是中国建筑艺术的不朽作品。它们的独特形态和价值有力地支撑了明清古城的风貌和内涵。第六，传统生活方式的延续和传承。尽管扬州一直以来是一个移民城市，来自不同地域的人们从四面八方带来了不同的文化和习俗，加之盐业经济长期以来对城市生活的深刻影响，扬州的城市生活方式本应该是庞杂无序的。恰恰相反，扬州的城市性质和地位让扬州产生了超强的包容性和融合力，海纳百川，终归于一。扬州不仅有自己独特的生活方式和风俗习惯，也有着自己的社会秩序和价值取向。丰富的传统节庆活动，和谐的邻里关系，相近的价值观念和人生态度。这种依附于城市特色物理空间的非物质文化遗产同样承载着城市的历史记忆，凝聚着城市的精神，反映了城市的个性，体现着城市的核心价值。

瘦西湖　瘦西湖历史上称保障河，是扬州文化遗产中的奇葩。它的前身原本是隋唐、五代、宋元、明清不同时代城濠的不同段落。作为城市西郊传统的游览区，对它的开发利用可以追溯到隋代。明清之际，在盐业经济的刺激下，盐商群体追求享乐，在历史景观的基础上，扬州的造园活动形成了新的高潮。这种风气从城市延伸到郊外。不同姓氏的郊外别墅和园林逐渐形成了规模和特色，扬州水上旅游线路正式形成。营造园林的市场需求吸引了国内，主要是江南地区的造园名家和能工巧匠向扬州汇聚；同时，本地的营造技术专业队伍也迅速地成长壮大。入清以后，康熙皇帝多次南巡，两淮巡盐御史营建高旻寺塔湾行宫，给扬州大规模的营造活动增添了政治动力。之后，乾隆皇帝接踵南巡，地方官员依赖盐商的雄厚财力，对亦已形成的盐商郊外别墅园林进行大规模的增建、扩建，并着力整合资源，提升景观品质，完成了以二十四景题名景观为骨干的扬州北郊二十四景，实现了中国古代造园史上最后的辉煌。瘦西湖景观作为文化景观遗产具有以下的价值：

一、景观艺术价值。瘦西湖景观是中国郊外集群式园林的代表作。瘦西湖狭长、曲折、形态丰富的水体空间，园林或大或小，建筑或聚或散，或庄或野，形成带状景观，宛如一幅中国传统的山水画长卷。它是利用人工，因借自然的典范；是利用人工妙造自然的杰作，极具东方艺术特质和审美价值。体现了清代盐商、文人士大夫和能工巧匠师法自然的追求，与自然和谐合一的理想。在这个景观之中，一座座园林，一处处景观像画卷一样徐徐展开，气势连贯，人工与自然天衣无缝地融为一体。

二、历史文化价值。瘦西湖景观经过历代演变，层累的历史记忆，深厚的文化内涵，最终形成了中国景观设计的经典作品。它既是中国文化景观发展史的缩影；代表了清代中期、中国景观艺术的伟大成就；见证了17～18世纪扬州盐业经济的繁荣和对国家经济文化生活的影响；见证了清中期盐商群体与封建帝王、官员和文化人相互依存的特殊社会关系；也见证了财富大量集聚对社会文化振兴和城市建设发展的特殊贡献。

三、体现人和自然和谐互动的价值。瘦西湖景观是城市聚落营建与水体利用充分结合的杰出范例。它在形成和发展过程中始终兼具城防、交通、生态、游赏等多种功能，与城市发展和人居环境存在着紧密的联系。同时，它在不同阶段功能各有侧重，生动地体现了人与自然和谐互动的关系。

四、瘦西湖景观折射出现世性价值取向。瘦西湖景观体现了造园者和文人雅士模仿自然、寄托理想、营造精神家园的共同追求；也反映了前人对山水的热爱，对自然的尊崇和美的认知。2000多年来，扬州饱经战争的浩劫，战争的残酷成了这座城市痛苦悲摧、挥之不去的集体记忆。在和平的年代里，在繁华的现实中，人们追求及时行乐，注重感官享受，崇尚现世幸福，在城市的文化精神和价值取向上呈现出显著的现世性特征。这种现世性价值取向也深刻地影响了扬州景观的审美取向和使用功能。与东晋诗人谢灵运开辟的以寻求自然与隐逸、体现"人"的主体性为特征的中国文人的山水审美相比，瘦西湖景观则具有浓重的世俗社会色彩、大众文化情趣，呈现出更加鲜活的生命力。

五、瘦西湖景观诠释了战争与和平。扬州自古以来就是兵家必争之地。城濠是城市防御系统的基本设施。战争对城市的毁灭性破坏，城市政治、经济地位的变化都会对城市产生重大影响。因为城市的变迁，废弃了的城濠成为了城市变化的历史记录。能否化腐朽为神奇，考验着古代扬州人的智慧。饱受战争之苦的扬州人民把对战争的厌恶憎恨和对和平美好生活的向往追求的情感投向了这些水体和岸线；用千年的热情，持续的努力，把它改造成充满生活情趣和自然之美的景观带和风景区。化干戈为玉帛，瘦西湖成为战争与和平的矛盾统一体，瘦西湖风景区的前世今生，向全世界诠释了一部战争与和平的动人故事。

海上丝绸之路遗产 扬州是陆上丝绸之路与海上丝绸之路的连接点，它与海外的交通可以追溯到西汉时期。唐代扬州成为名闻遐迩的国际商业都会，又是中国的四大港之一。它不仅与东北亚的暹罗、日本有着频繁的联系，而且与东南亚、南亚、西亚、东非有着贸易的往来。大量西亚陶瓷的出土，印证了史籍上关于扬州有着大食、波斯人居留的记载；城市遗址发现的贸易陶瓷其品类与上述地区9、10世纪繁荣的港市出土的中国陶瓷有着惊人的一致性；印尼爪哇岛"黑色号"沉船打捞出6万多件瓷器和带有"扬州扬子江心镜"铭文的铜镜；扬州港作为中国最早、最重要的贸易陶瓷外销港口，"陶瓷之路"起点的地位和作用越来越清晰；成功派遣到大陆13次的日本遣唐使节，其中有9次是经停扬州的；鉴真东渡，崔致远仕唐，商胡贸易这些文化交流事件影响至今。南宋以来特别到元代，是扬州中外交流另一个重要的历史时期。穆罕默德裔孙普哈丁在扬州建造仙鹤寺传播伊斯兰教，最后埋骨运河边；一批阿拉伯文墓碑和意大利文墓碑出土；基督徒也里可温墓碑的发现；加之，著名旅行家马可·波罗、鄂多立克、伊本·白图泰等人在扬州的行迹证明侨寄扬州的外国人不但数量多，且来源广泛。道教、佛教、伊斯兰教、基督教并存的状况反映了扬州国际化的提升和文化交流的成果。

"海上丝绸之路"属于文化线路遗产。从公元前2世纪开始到公元17世纪，扬州作为中国对外经济文化交流的重要窗口，一直发挥着作用，但它的突出历史地位是在唐代，重点在公元8、9世纪的中晚唐时期。由于历代战争的严重破坏、城市的变迁、长江岸线的位移变化，扬州与海上丝绸之路相关的文化遗产已经很少，除了扬州城遗址（隋—宋）以外，直接相关的遗产点有大明寺、仙鹤寺、普哈丁墓园等。幸好还有扬州城遗址不断出土的考古资料做支撑，大量史籍记载作证明。

扬州海上丝绸之路文化遗产价值主要体现在这几个方面：

一、对佛教文化的东传的贡献。扬州自东晋、南朝以来，就是与朝鲜半岛进行政治文化交流的主要城市之一,也是佛教东传的重要节点。特别是作为新罗使节、日本遣唐使、留学生、留学僧登陆、经停的主要城市,扬州不仅具有特殊的经济地位,同时也是佛教传播的重点区域,它在佛教东传过程中的桥梁作用是独一无二的。鉴真东渡作为佛教东传过程中的重大历史事件,其在文化交流史上的意义超出了宗教本身。

二、在伊斯兰教传播过程中的作用。早在伊斯兰教创立之前,扬州就有大食、波斯人的踪迹和袄教的活动。伊斯兰教创立不久,从海上丝绸之路到达扬州的大食、波斯及东南亚地区的人越来越多,扬州成为他们在中国经商贸易的基地和传播宗教的场所。这种传播活动在唐以后,又形成了新的高潮。伊斯兰教的传入,丰富了中华文化的内涵,体现了中华文明多元并蓄、包容一体的特点。

三、见证了海上丝绸之路带来的繁荣。唐代扬州不仅是国内最大的商业、手工业中心,也是中外商品十分齐全、闻名世界的国际市场,当时它在世界上的知名度和影响力如同今天的纽约、巴黎、伦敦、上海一般。大食、波斯、东南亚地区的商人带来珠宝、香料、药材,运回中国的陶瓷、茶叶、丝绸和纺织品、金属器皿。扬州不仅是本国商人最理想的经商目的地,也吸引着大批国外的商贾聚居于此。就连各地行政机构也在扬州设立办事机构,从事贸易活动。通过海上贸易往来和交流,扬州增进了与世界上不同国家和地区的相互了解,推动了文明的进步,对世界也产生了深远的影响。

四、见证了陶瓷之路的兴盛。古代中国通过海上贸易最大宗的商品不是丝绸而是陶瓷,海上丝绸之路实际上也是海上陶瓷之路。扬州是唐代四大港口中地理位置和经济地位最为重要的港口,也是陶瓷贸易的主要港口。当时南北各地生产外销瓷的主要窑口,如浙江的越窑、江苏的宜兴窑、河北的邢窑、定窑,河南的巩县窑、江西饶州的昌南窑、湖南长沙的铜官窑、广东汕头窑等都把产品运到扬州,再远销东南亚、南亚、西亚,甚至东非。迄今为止,国内还没有哪一个城市遗址出土过数量如此巨大、品种如此丰富的陶瓷实物和标本。扬州的考古成果不仅见证了陶瓷之路的繁荣,也见证了扬州为中国陶瓷走向世界所做的历史贡献。

五、见证了中外文化交流的成果。作为当时中国经济中心的唐代扬州,在中外交流方面既能绽放美丽的花朵,更能结出丰硕的果实;既有量的积累,也有质的提升。中国的建筑艺术、造园艺术、中医中药,包括陶瓷、茶叶以及漆器等各类生活用品通过扬州传播出口到朝鲜半岛、日本、东南亚、南亚、西亚等地。对各个国家各个地区的审美观、价值观,包括生活方式都产生了长远的影响。与此同时,通过扬州这个交流窗口和平台,唐人引进了制糖工艺,改进和提升了金银器加工工艺技术,学会了毡帽等皮革制品的制作。"划戴扬州帽,重薰异国香"成为唐代社会上青年人追求的时尚,扬州毡帽成了炙手可热的畅销品。

长沙铜官窑的窑场主把在扬州市场上获取的经济信息迅速反馈给生产基地。他们通过外国商人了解西亚地区的风土人情、生活习惯、审美要求,甚至在外国商人的直接指导下,对外销产品进行包装、改进,确保适销对路。年轻的长沙窑力压资深的越窑,一跃而成为中国唐代外销瓷的主角。同样,河南巩县窑,在三彩器物的设计、制作上也成功吸引了西亚文化元素。更值得一提的是,由于迎合西亚游牧民族的色彩喜好和风俗习惯,巩县窑还创烧出青花这一外销瓷器新品种,并从扬州出口进行试销。

扬州是一个通史式城市,传统的海上丝绸之路上的重要港口、古代的世界名城。今天我们用世界遗产的视角和标准对其保留的文化遗产进行审视和评估,我们在看到遗产历史跨度大、内涵丰富、具备潜质的综合优势之余,也看到遗产在真实性、完整性方面存在的不足和问题。尽管遗产数量较大、类别众多，但特色不够鲜明，质量不够优秀。扬州如同是一个参加竞技体育比赛的全能运动员，当他在参与每个单项赛事的时候，却没有绝对优势可言。这就需要我们用世界遗产的标准，而不是自订的标准；用文化的眼光，而不是行政的眼光；用敬畏审慎的态度，而不是随心所欲、急功近利的态度；用科学的手段，而不是普通的手段；对扬州现有的主要文化遗产进行深入研究，科学规划，整体保护，不断修复，全面提升，有序利用，合理利用。保护文化遗产是一项系统工程，需要有爱心，有信心，有决心，有耐心，有恒心，坚持不懈地做下去。

回顾新中国成立以来扬州文化遗产保护的不平常的经历，从军管会一号通令开始，历经十几届政府的接力，依靠三代人的努力……在实践过程中，我们有经验、有心得、有贡献，但也有迷惘、痛苦、教训和失败。

扬州的文化遗产保护之路是中国文化遗产保护艰巨历程的缩影，新任扬州市委书记谢正义在总结扬州文化保护经验的时候说到，扬州文化遗产保护之所以取得这样显著的成绩，原因是多方面的。但从政府层面上总结，是因为我们舍弃了一些短期利益，克制了一些开发的欲望，控制了一些发展的冲动，值得中国城市的管理者尤其是历史文化名城的管理者思考和借鉴。

中国是世界文化遗产大国，多元文化内涵、连续发展的历史，创造和形成了富有民族个性特点的灿烂文化和与之相对应的文化遗产。但我们国家的文化遗产保护起步较晚，力量单薄。在砸烂旧世界、创造新世界的口号声中，我们原本饱经战乱、损毁严重的文化遗产更是雪上加霜。此后，又经历"文化大革命"急风暴雨的洗礼。改革开放以后，倡导一切以经济建设为中心，文化遗产保护事业更面临着空前的压力和全新的考验。三十多年的改革开放取得了伟大的成就，但如今需要对我们的发展方式进行反思和调整。唤起文化自觉，以高度的文化自觉来保护民族的文化遗产是时代的新要求、新任务，也是社会主义政治文明和精神文明建设的重要内容。当前，从世界范围看，对文化遗产的态度是衡量一个国家、一个民族、一座城市、一个社会人文明与否的重要标尺。一个不能敬畏自己的历史，不尊重自己文化的民族是可耻的，也是可悲的。乐观地估计，通过经济发展方式的转变、管理考核机制的调整、政府管理者文化遗产保护意识的增强和文化自觉的提升、全社会文明素质的提高，再有十五年至二十年，我们硕果仅存的文化遗产才能度过危险期。

在我们继往开来向更高水平的小康社会迈进的历史发展关键时刻，我们这座具有近3000年历史的城市即将迎来2500年城庆的喜庆日子。对一座城市来说，我们需要继承物质遗产，但更需要积累精神财富，因为精神遗产对城市的作用更久远，更长效。我们申遗办的同仁在日常承担三项繁重申遗任务之余，对近几年的研究成果进行了梳理和筛选，编写出这套文化遗产丛书。它不仅记录了扬州申报世界遗产的足迹，反映了申遗工作的研究成果，同时也寄托了大家对这座伟大城市的深情和敬意。这套丛书也是我们向扬州2500年城庆献上的一份小小的礼物。

回忆过去，展望未来，我们愿同城市的管理者、建设者和全体人民一道，为把这些属于扬州、属于中国、属于全世界的系列文化遗产保护好、利用好作出我们应有的贡献！让历史告诉今天，让历史告诉未来，让历史成就未来！

2013年2月28日

目 录

第一章 应运而生，扬州水与扬州城

  第一节　淮南江北海西头——地理空间 …………002

  第二节　夜桥灯火连星汉——城市水系 …………008

  第三节　沧桑起落广陵城——历史变迁 …………011

第二章 水廊帆樯，从邗水到运河

  第一节　河道　时间与空间的延展 …………055

  第二节　宝应　天阔千帆处处风 …………079

  第三节　高邮　甓社珠光映雪浪 …………088

  第四节　邵伯　商旅如梭水城坊 …………108

第三章 萃华集瑰，诗魂文脉耀千秋

  第一节　清姿曼丽　瘦西湖 …………130

  第二节　珍馐厚味　盐业历史遗迹 …………149

  第三节　层叠代垒　扬州城遗址 …………177

  第四节　宏博庄严　宗教遗产 …………198

  第五节　烟火市井　东关街 …………208

后　记 …………217

第一章
应运而生,扬州水与扬州城

第一节 淮南江北海西头——地理空间

（一）自然地理

从地质地貌考察，扬州及附近地区可以蜀冈为界划分成南北两部分。蜀冈一名昆冈，延伸于六合、仪征和邗江境内，横亘于扬州西北。蜀冈相对高程不过十米，东峰、中峰、西峰海拔不过二三十米。属下蜀系黄土土质，形成于第四纪上更新世，距今约十万年。

蜀冈及其以北部分是长江北岸的一级阶地，在第三纪新构造运动中微弱隆升，经长期侵蚀，地表起伏成浅丘。这片浅丘地自西向东降低，部分山溪沟涧顺地势汇于雷塘，再由淮子河东去。蜀冈以南部分为长江冲积平原，属第四纪全新世冲积层，约形成一万年。

长江北岸线在远古时直抵蜀冈南缘，由于江水夹带泥沙的堆积，江岸不断南移，又由于长江主洪道在镇扬间南北摆动，岸线常多变化。

春秋时期，长江口还是一个喇叭形入海口，扬州以西才具江型。扬州以东是开阔的海湾，当时的江岸就在蜀冈南缘。海潮沿喇叭形入海口上涌，在扬州形成壮观的曲江大潮。西汉时期文学家枚乘对曲江大潮有着形象的描摹："……疾雷闻百里；江水逆流，海水上潮。"[1] 唐代诗人也对扬州海潮多有描摹："鸬鹚山头片雨

---

[1] 汉代枚乘：《七发》。

晴，扬州郭里见潮生"[1]。到东晋、南朝时，江岸开始缓慢南移，蜀冈下逐渐形成"土甚平旷"的长江冲积平原。隋唐时期，江岸南移至扬子（今三汊河）—施桥—小江一线，是时长江主洪道偏南，北岸淤积，江中遂出现沙洲。瓜洲面积最大，以其形似瓜而得名，后与长江北岸渐成夹江。至唐中叶后，瓜洲与江北岸相连，夹江消失。北宋以后，长江北岸继续向南扩展，瓜洲与江口的距离逐年缩减。康熙年间，长江主洪道北徙，北岸有崩坍现象。自乾隆元年（1736年）至光绪十年（1884年）的一百五十年间，宋时始建并于明代重筑的瓜洲城逐步为江水所吞没，居民移居城北的四里埔（今瓜洲镇），江北岸坍十里，对岸的镇江金山自西沙洲开始上涨，日益与南岸相连。

总体上，人类活动在隋唐以前主要集中在蜀冈与雷塘之间的浅丘地，隋唐开始南移到蜀冈下平地上来，宋元以后又向沙洲发展。这一发展规律与历史自然地理的变迁相一致。

隋炀帝杨广对扬州地理位置的重要性，有着深刻的认识，他

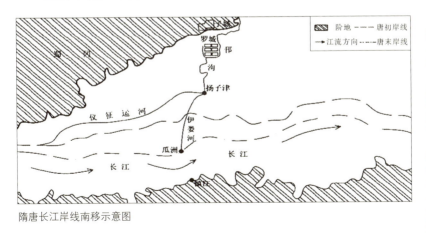

隋唐长江岸线南移示意图

[1] 唐代李颀：《送刘昱》。

在《泛龙舟》诗中对扬州的地理位置作了准确概括："借问扬州在何处？淮南江北海西头。"

（二）历史地理

1. 通江达淮　城市枢纽

起源于春秋的邗沟、贯通于隋代，又经历代不断挖掘疏浚而日臻完善的大运河扬州段，北通淮水与汴河，南贯长江与江南运河，东直抵大海，它使扬州成为古代中国版图上，一个具有强大辐射力的城市。这种特殊的地理条件，使得扬州作为"通史式城市"在中国城市史上以独特的个例呈现成为可能。

春秋时，吴国筑邗城的目的，在于开挖邗沟，连通长江与淮河。从建立邗城起，扬州的发展和繁荣，就和邗沟这条水道密切相关。这条水道在各个历史时期所起的作用，决定了扬州的兴衰。

吴王夫差初开邗沟时，由于时间仓促，运道开凿不够理想。第二年北上与齐争霸时，仍是由江入海，再由淮入泗的。

先秦时期，从邗城到广陵，扬州因位居邗沟入江之口，起了沟通南北经济、文化交流的作用。

西汉初年，吴王刘濞开邗沟支道，从茱萸湾东通海陵仓，这条支道对扬州地区的经济开发起了促进作用。

东汉建安二年（197年），陈登任广陵太守时，重开邗沟，截弯取直，缩短了江淮之间的航运距离，并开陂塘以利灌溉。今扬州西数十里有"陈公塘"，相传即为其所开。

隋时扬州附近的江岸已向南伸展至今扬州城南十公里左右的扬子镇。大业元年（605年），炀帝开邗沟"自山阳至扬子入江"，并在大运河入江口的扬子津筑临江宫以临江赏景。大业七年（611

年）二月，炀帝"升钓台，临扬子津，大宴百僚"。其时，"京江岸于扬子，海潮内于邗沟，过茱萸湾，北至邵伯堰，汤汤焕焕，无溢滞之患"，在蜀冈下新淤涨的这片肥沃的土地上，大运河两岸成为居民和工商业者云集的地区。

扬子津是古代扬州位于长江边的重要港口，隋唐时由于江岸积沙南移，扬子津已远离江岸。隋炀帝开凿运河时，改由仪征通江。唐时，长江主泓道在南，江北与瓜洲并岸，扬州江岸更南移至瓜洲南岸。唐玄宗开元二十六年（738年），润州刺史齐浣开凿伊娄河二十五里，该河由扬子津（今扬子桥）向南至瓜洲镇通江，缩短了润州到扬州的江面距离。从此，瓜洲便替代扬子津为港口，此举大大便利了南北交通，为扬州发展为重要的贸易港口提供了条件。

唐后期经济重心南移后，扬州的地位更见重要，史称"淮海奥区，一方都会。兼水漕陆挽之利，有泽渔山伐之饶，俗具五方，地绵千里"。

2. 近水建城　得天独厚

有历史明确记载的扬州建城史，可以追溯到春秋晚期吴国在扬州挖邗沟、建邗城，距今近两千五百年。通过考古勘探和发掘，目前已经确定了战国、汉代和六朝的广陵城，隋、唐、五代、两宋至明的扬州城，城的位置范围及演变关系基本清楚。隋代之前的城址皆在蜀冈上，随长江南移、地理形势的变化，唐代以后的城址皆在蜀冈下。

古代城市的选址注重临水建城的原则，不仅可将河道作护城河抵御外敌，也方便城内居民生活取水，更可方便城市内外交通，故古代城市基本都聚集在水系发达区域，如泾渭流域的咸阳、河洛流域的洛阳等。就目前江苏发现的古代城址来看，也基本都在临水的平地或距水较近的山坡上，如南京旧城西北临长江，正东紧靠玄武湖；镇江旧城北临长江，西有莲河。扬州位于长江下游北岸，周围河渠纵横，蜀冈地势居高临下，四周环水，南临海岸线，具有天然屏障，是建城的理想地。也正是因为扬州城选择了这样得天独厚的地理位置，具备了丰富的内外河水系，大运河的贯通才具备可能性。"哀公九年，吴城邗，沟通江淮"，扬州城与邗沟同时出现在江淮大地上。

通过对蜀冈上城墙的发掘，结合目前资料分析，蜀冈上发现的最早城址应是战国时代的广陵城。《左传·鲁哀公九年》明确记载春秋时期吴国的邗城得以建成。《水经·淮水注》谓："昔，吴将伐齐，北霸中国，自广陵城东南筑邗城，城下掘深沟，谓之邗江，亦曰邗溟沟"，此句明确指出邗城在广陵城东南，在城下开凿的邗江运河，位于今扬州西北五里蜀冈南沿。城西、北、东皆环以城壕，东南有邗沟，于铁佛寺前稍向南折，经今之螺蛳桥东去，至黄金坝通邗沟运河。从地貌考察，邗城南界蜀冈，西至观音山，东有小茅山等岗地，城址正位于蜀冈以北的一块谷地内，地势相对高亢，土地平整，适合人居。蜀冈下的平地，仍为长江河谷的泛滥平原，地势卑湿，且有水患。邗城北与雷塘相邻，居民可利用雷塘之水，引渠灌溉，从事农耕。所以在此建邗城、开邗沟，符合所处的地理环境。

秦汉之际，项羽自立为西楚霸王，意欲建都于此，一度改称广陵为江都，意即"临江的都城"。刘邦建立西汉，封其侄刘濞为吴王，建都广陵。[1] 当代考古发现，刘濞所筑广陵城，是在吴邗城基础上加以扩大的。在吴邗城即楚广陵城东北部，有汉代夯土城墙与邗城相接，并连为一体，这说明吴王刘濞的广陵城是在古邗城基础上"就城修筑，未更原址"。其后，广陵相继成为江都国、广陵国的都城。

东晋太和四年（369年），司马桓领平北将军、徐兖二州刺史，始发州人筑广陵城，仍不离吴王刘濞筑城旧址。南朝宋竟陵王刘诞发民增筑广陵城，文献记载所筑有小城和外城两重城垣，但从考古遗迹看，刘诞所筑外城仍未离刘濞城和东晋广陵城旧址。

扬州运河上百舸争流

[1] 《汉书·地理志》："广陵为吴王濞所都，城周十四里半。"郦道元《水经注》："楚、汉之间为东阳郡，高祖六年为荆国，十一年为吴城，即吴王濞所筑也"；李善《芜城赋》注引汉王逸《广陵郡图经》曰："郡城吴王濞所筑"，以上均有刘濞筑城记载。雍正《江都县志·吴王濞城考》指出："《汉书》第谓为濞所都，于筑城无明文，则《水经注》所云濞筑新城者，或亦修筑而都之，非别创也。"

第二节　夜桥灯火连星汉——城市水系

（一）城内水系沿革简述

古代扬州是水乡城市。汉晋时，除邗沟和运盐河外，北有槐子河及雷塘、勾城塘，西有陈公塘及仪扬运河，可作为农田灌溉及城市补给水源。

唐代扬州沿袭了隋代开挖的水系，唐罗城内，官河（后称汶河，即今扬州汶河路）是交通干线。其走向为：自东水门向西，在驿桥向南北分流，向南出南水门通江，向北沿蜀冈下折转向西出西水门。为保证城内官河这一交通要道和供水水源，唐代扬州历任官员颇费周折。788年，官河淤浅，水量不足，淮南节度使杜亚在城西十五里的勾城塘爱敬陂，修筑方圆百里的大水库，平时盈而不流，旱时决而可注，同时"浚渠蜀冈……起堤贯城。以通大舟"[1]。809年，李吉甫又筑堰来保持官河的水位，以利漕运。然而，提高水位和筑堰并不能彻底解决官河的淤浅问题，唐代中期以后，官河两岸已布满市井、作坊等，导致疏浚工程无法顺利进行，只能另辟新水道。826年，盐铁使王播"自城南阊门西七里港开河，向东屈曲，取禅智桥通旧官河，开凿稍深，舟航易济，所开长十九里……"[2]。自王播开七里港河后，城内官河日渐变为淤浅的市河了。

---

[1] 《新唐书·食货志》。
[2] 《旧唐书·王播传》。

唐代扬州的水系除了上述官河、七里港河、环绕子城和罗城的护城河外，罗城内部还有纵横交织的市河网，形成了"车马少于船""邻里漾船过"的水上都会特有风光。

唐末战乱，扬州城废地荒，人口减少。宋代扬州城范围缩小，宋大城位于唐罗城的东南部，北城壕即今漕河，西城壕即今二道河，东、南城壕沿用唐代城壕。北宋天禧二年（1018年），城东运河黄金坝至宝塔湾一段开通，城内河道交通功能降低。经过宋、元战乱，明代扬州城池缩小，旧城位于宋大城西南部，北城壕为今护城河，东城壕即为今小秦淮河。此时，旧城城区除运河外，北有古邗沟、柴河（今漕河），西北有保障河（瘦西湖）、西有宝带河（今蒿草河一带），绕城北西南三面皆有护城河，其后筑新城，城东界至运河。清代扬州城四至未出明城范围。1949年之后，为改善运河入江水道，新开辟从湾头瓦窑铺至六圩江边一段新航道。市区河道大体被划分为运河水系、城河水系、瘦西湖水系。由于基础建设，汶河、西门头道河先后被填塞，沙河被切断。

（二）大运河与扬州城壕的关系

大运河与扬州城池是密不可分的共同体，大运河对城池的发展有着直接的深远影响。

吴国邗城是因邗沟而兴建，其位置大体在蜀冈之上，邗沟沿其东、南方向流过。据推测，邗城南部以邗沟作为护城河，邗沟同时具有城壕与运河的双重功能。对邗城来说，邗沟是其联系外部世界的重要纽带，并且是最主要的交通途径。

邗城之后，继有楚广陵城的修筑和汉广陵城的扩建。前文已述，邗沟在其南边，其情形略如邗城。考古发掘出汉广陵城的东南水门，说明当时大运河与城内相通,证明了城与河的密切关系。

刘宋大明年间,刘诞开南门,与邗沟相接,在南水门之外,大运河与广陵城的联系通道多了一条,这一状况一直延至唐、五代。

隋文帝、炀帝两次开大运河,其中以炀帝复开邗沟意义重大。因该邗沟即为唐代扬州官河,对唐代扬州的繁荣尤为重要,所谓"春风十里扬州路"即是谓此。

中唐王播开城外新河,是扬州大运河发展史上的重要转折点,其规制直接影响了其后一千多年扬州城池的发展。当时的城外新河,主要是沿扬州城的东城墙而行。王播开河直接利用了扬州城墙及其护城河。如果我们认为扬州城的最大规模是后来高骈才完成的话,那么扩筑的扬州东城墙南段是借用了大运河作为护城河。这种复杂的城壕与运河的角色转换,在北宋末年再一次发生。当时要对大运河进行改建,"今议开扬州古河,缭城南接运渠,毁龙舟、新兴、茱萸三堰,通漕路以均水势,岁省官费数十万,功利甚厚。诏屯田郎中梁楚、阁门祗侯李居中按视,以为当然。于是役成,水注新河,与三堰平,漕船无阻,公私大称其便。"[1] 今日古运河南城墙段即形成于当时,学界公认唐代南城墙与清代几乎重合,也就是说,北宋末年的该段大运河,事实上也借用了唐代的城壕。到明嘉靖二十五年(1556年)建新城,其南边和东边的城壕,又再次沿用了大运河。

---

[1] 《续资治通鉴长编》卷93。

第三节　沧桑起落广陵城——历史变迁

中国的许多古老城市，其城市历史的辉煌，往往局限于历史的某一个时段。比如西安（长安）的繁荣，主要在汉唐时期，唐以后，随着都城的变化，西安逐渐沉寂下来；北宋定都开封（汴梁），开封因而崛起于中原，取代西安成为政治经济中心，但到了南宋，因战争因素，南宋朝廷迁都临安（杭州），偏安于一隅，带动了江南一带的城市繁荣，开封的政治经济地位也随即下降……

扬州虽未建过大都，但其独特的地理位置，决定了其特殊的城市发展历史。不论是历代城池的修筑、历代文献的记载，还是城市繁华的几度兴衰，都证明了扬州是一座历经汉魏六朝、隋唐、宋元、明清，几乎贯穿了整个中国古代史的通史式城市。中国古代最强盛的三个朝代——汉代、唐代和清代，恰恰也是扬州城市历史上最繁华的三个历史阶段。因此，扬州的历史，是与中华文明的兴衰起伏同轨共振的历史。

春秋末期，公元前486年吴王夫差筑邗沟建邗城，是扬州建城的起点。在漫长的历史长河中，扬州城虽屡经战火摧折、屠城之灾，先后有过多达百余次的修缮，但其城池核心区域始终不离蜀冈上下。唐代扬州经济鼎盛，扬州城扩展到了历史上最广阔的范围，出现了"两重城"的城池格局。此后直至近代，扬州城址的变化，都在唐城的大范围内。

优越的自然和地理条件，为扬州的城市发展提供了得天独厚的条件，但同样因为地理位置的重要性，使得扬州注定成为历代战争中的兵家必争之地。

扬州城建城伊始就与战争有关，其城市的诞生源于春秋时期诸侯争霸。春秋末期，吴王夫差欲称霸中原，扬州是他北上讨伐齐国的前沿阵地，当初的邗城，实际上是一座用于战争的军事堡垒。

汉代是扬州历史上第一个强盛时期，富可敌国，雄霸东南——水运初盛，盐务兴起，制造业发达，人才辈出。

吴王刘濞是汉代分封至吴国（扬州）的诸侯王，他充分利用地方资源优势，铸铜钱、煮海盐、发展造船业，增加地方财政积累，聚集了惊人的财富，并在封国内推行无赋税、有偿劳役、招贤纳士、赈济穷人等政策，使社会经济获得充分发展。这些成就，在汉初其他封国中是绝无仅有的，在中国古代史上也是罕见的。南朝诗人鲍照对汉代扬州的繁华描摹道："当昔全盛之时，车挂轊，人驾肩。廛闬扑地，歌吹沸天。孽货盐田，铲利铜山，才力雄富，士马精妍。"[1]永嘉五年（311年），匈奴攻陷洛阳、掳走怀帝，史称永嘉之乱。北方连绵的战争，导致大量北人南迁，扬州成为北方人口大批聚居的城市，城市经济随之繁荣。

三国时期，扬州处于魏和吴的边境处，成为双方角逐的军事重镇，战乱频仍。但魏晋南北朝的纷争以及兵祸使这一座富庶的城市遭到巨大的劫难。南朝竟陵王刘诞于大明三年（459年）发动叛乱，叛乱失败后，"城中士民，大小悉命杀之"；萧梁时，东魏降将侯景勾结京城守将萧正德，举兵谋反，史称"侯景之乱"，

---

[1] 南朝鲍照：《芜城赋》。

太清三年（549年），叛军攻下建康后，分兵掠广陵（扬州）。

经过这两次重大的战争破坏，扬州在诗人笔下成了一座"芜城"："出入三代，五百余载，竟瓜剖而豆分。泽葵依井，荒葛胃涂。坛罗虺蜮，阶斗麚鼯。木魅山鬼，野鼠城狐，风嗥雨啸，昏见晨趋。"[1]这一座富庶繁华的城市被破坏殆尽。

隋代结束了长达数百年的战争，完成了国家统一，为大唐盛世的来临奠定了基础，扬州城市经济随之复苏。唐代中期北方发生安史之乱，经济中心南移，扬州因其突出的地理位置迎来了历史机遇。随着商业、手工业和交通运输业的发展，唐代扬州蜀冈上下形成子城、罗城"两重城"的特殊格局，其城市规模仅次于西京长安和东都洛阳，成为东南沿海最繁荣的国际性商业都会。

唐末五代期间，在藩镇割据、烽烟连绵的战争中，扬州城毁人湮，繁华散尽。

宋代扬州城由宋大城、堡城（亦称"宝祐城"）和夹城三部分组成。宋三城的格局是因为扬州处于抗金、抗元的前沿，城市性质已由原来的经济贸易中心变成了军事防御堡垒。受金人南侵袭扰，至南宋末年，扬州城再次呈现萧瑟景象："自胡马窥江去后，废池乔木，犹厌言兵。渐黄昏，清角吹寒，都在空城。"[2]曾经繁华富丽的扬州城，已经近乎"空城"。

在扬州城池变迁史上，明旧城是自唐代以来城池最小的时期，表明自唐代以来，经过历代战争，扬州城萎缩衰败的艰辛历史。明代倭寇袭扰频繁，故在旧城以东筑新城。旧城新城呈东西并立

[1] 南朝鲍照：《芜城赋》。
[2] 南宋姜夔：《扬州慢》。

的格局，城市经济逐渐复苏。

明末，清兵南下，在扬州遇到抵抗。城破之后，清兵在扬州屠城十日，扬州城再次遭到破坏。

清代，扬州仰赖自身的地理优势和大运河的特殊功能，借助帝国盐业销售的专营地位，社会、经济、文化迅速复苏，进入城市历史第三度繁盛时期，但城池格局已不复盛唐景象。今天扬州城内5.09平方公里的古城，就是明清扬州城的格局。

在扬州漫长的两千五百年城市历史中，这种屡毁屡兴的过程，是中国城市发展史上的特殊现象。

扬州独特的自然地理优势与大运河沟通南北的强大功能，共同给予了扬州再生的能力。

唐代扬州，东方第一商业都会

（一）经济与商业、港口地位

1. 漕运中心，国脉所系

漕运是指中国历史上从内陆河流和海路运送官粮到朝廷和运送军粮到军区的系统。

康有为曾感叹："漕运之制，为中国大政。"纵观中国历史，自秦一统全国至清亡，在两千多年的历代王朝中，漕运作为经济命脉，一直发挥着维系中央集权与国家稳定的巨大作用，具有无可替代的重要地位。清康熙皇帝将三藩、治河、漕运视为朝廷的"三大政"，可见漕运对于国家的重要性。在这"三大政"中，治河与漕运两项，都与扬州有关。

大运河是历代漕运的主要运输通道。安史之乱以后，黄河中下游地区备受摧残，原来富庶的农业地区日益凋零。战后，北方出现藩镇割据，这些藩镇各据一方，不服从唐中央政府的命令，在经济上亦各自为政，不向朝廷纳贡，北方已不再是王朝的财赋来源之地。南方由于较少受到战乱影响，自然条件优越，加上战乱时北方很多具有生产和管理经验的人大量南迁，农业发展，经济地位上升，已经发展成为"渔盐杞梓之利，充仞八方，丝绵布帛之饶，覆衣天下"的富庶之地。在这种形势下，唐王朝要继续生存下去，必须依仗江南。"当今赋出天下，江南居十九"，江淮漕运成了唐王朝的经济命脉，而控扼江淮漕运的扬州则成为王朝仰仗东南财赋的唯一转运枢纽。时人评价"今天下以江淮为国命"，宰相郑畋就曾对唐僖宗说："倘使贼陷扬州，江南亦非国有。"无扬州则无江南，无江南则无李唐天下。

因此，扬州的漕粮能否安然运抵都城，直接影响着王朝的稳定。据《资治通鉴》记载，唐贞元二年（786年），因连年灾荒，关中仓库已竭，禁军士卒有人脱去头巾，在道路上呼喊："拘吾于军而不给粮，吾罪人也！"德宗忧心忡忡，寝食不安。关键时刻，江淮转运使韩滉自扬州发运的三万斛大米运抵陕州，德宗闻报大喜，立刻跑到东宫对太子说："米已至陕，吾父子得生矣！"[1]

唐开元以前，漕运使用的是长运直达法，南方各地的漕船自目的地出发，经过各段运河直达洛阳、长安，中间没有停顿。由于江南运河、山阳渎、通济渠以及包括黄河、长江在内的各段河流水情不同，常使漕运受阻，"每年江南各州所送租及庸调等……

---

[1]《资治通鉴》卷232。

至扬州入斗门,即逢水浅,已有阻碍,须停留一月之上,三月四月后始渡淮入汴,多属汴河干浅,又船运停留,至六月七月开始至河口,即逢黄河水涨,不得入河,又须停留一两月,待河水小,始得上河入洛,即漕路干线,船艘隘闹,船载停滞,又江南百姓不习河水,皆转雇河师水手,更为损失。"[1]开元年间,裴耀卿改革漕运,其主要贡献就在于分段运输法的提出,即"江船不入汴,汴船不入河,河船不入渭,江南之运积扬州,汴河之运积河阴,河船之运集渭口,渭船之运入太仓。"分段运输法解决了因各段运河水情不同造成的行船困难,节省了大量的人力和时间,漕运也因此大为通畅。至此,江南各地贡赋自本地先运抵扬州集中,然后再另行组织漕船循大运河北上。天宝八年(749年)东都洛阳含嘉仓储粮多达5833400石(约3.09亿公斤,唐代1石等于53公斤),而扬州每年中转漕粮至少200至300万石。[2]代宗广德年间(763—764年),刘晏改革漕运制度,江南的物资经扬州积运,"岁转粟百一十万石"。至贞元年间(785—804年),"增江淮之运,浙江东、西岁运米七十五万石,复以两税易米百万石。江西、湖南、鄂岳、福建米亦百二十万石"。江淮以南八道的漕粮均经由扬州北上,扬州因而成为漕运的咽喉,"舟樯栉比,车毂鳞集,东南数百万艘漕船,浮江而上,此为搤吭"。[3]

唐宝历二年(826年),因扬州城内官河(即漕河)浅淤,阻滞漕运,盐铁转运使王播开七里港河,该河绕扬州城东南而过,

---

[1]《旧唐书卷53·志29·食货下》。
[2] 王洪元《隋唐扬州的兴衰与地理条件的变化》,《和田师范专科学校学报》,2008年2期。
[3] 康熙《扬州府志》卷4《疆域》。

解决了漕河阻塞的问题，成为今天扬州城区段运河的肇始。[1]

2. 商品集散，货运通衢

位于东南交通中心的扬州深受唐王朝重视。唐代扬州大都督府、淮南节度使、淮南采访使、江淮盐铁转运使的治所和州郡官衙，都设在扬州城内。市舶、漕运、盐铁、茶运、造船、河工、专卖物品等均由扬州转运使统一管理。

扬州是漕运中枢，也是南北商品集散之地和货运枢纽，主要包括盐、铁、茶、丝、绵、药材、瓷器、珠宝等货物的转运。扬州还以金属制造业、纺织业、造船业和制糖业等手工业技术的发达而著称。"维扬右都，东南奥壤，包淮海之形胜，当吴越之要冲，阛阓星繁，舟车露委。"时人形容当时的扬州"商贾如织，故谚称'扬一益二'，谓天下之盛，扬为一而蜀次之也"[2]。

江淮地区盛产盐，所产淮盐多在扬州集散，唐代盐税是皇朝重要的收入，史载唐代宗大历年间，"天下之赋，盐利居半"。唐代最重要的理财官员——盐铁转运使就驻于扬州。刘晏为盐铁使时，在扬州周围产盐地设四场十监以相治理，每年扬州一地所上缴的盐税，可"当百余州之赋"。北方茶叶大多"自江淮而来，所在山积，色类甚多"，南茶北运在扬州中转。其他如木材、锦绸、药材、瓷器等，都纷纷被运到扬州，再散向各地。

扬州手工业发达，盛产青铜镜、金银器、玉雕等，因工艺精湛，均被列为贡品。天宝年间，东南各地的船舶载着各种奇物宝

---

[1]《旧唐书·王播传》："时扬州城内官河水浅，遇旱即滞漕船。乃奏自城南闾门西七里港开河向东，屈曲取禅智寺桥通旧官河，开凿稍深，舟航易济；所开长一十九里，其工役料度，不破省钱，当使方圆自备，而漕运不阻。后政赖之。"
[2] 洪迈：《容斋随笔》。

货抵达长安,其中第一船就来自扬州,载着锦绸、铜镜、海味等,比其余各州所都要珍贵。

其时的扬州"节制淮南十一郡之地,自淮南之西,大江之东,南至五岭、蜀汉,十一路百州之迁徙贸易之人,往还皆出其下。舟车南北,日夜灌输京师者,居天下之七",以致"商贾如织","富商大贾,动逾百数"。

天宝十年(751年),一场大风吹翻了扬州码头上的数千艘船只,可见当时这里停泊的商船之多。

3. 海陆丝路,连接中枢

中国的自然江河都是自西向东流淌,缺少南北向的沟通,大运河自北向南沟通了海河、黄河、淮河、长江和钱塘江,使得这五大天然水系通过运河,连接成了一个密布全国的水上交通网络。大运河与长江形成十字交叉,扬州就位于这个交叉点上。因此,大运河在扬州城市发展历史上所起的作用,是无论怎样评价也不过分的。

唐代,长江流域及长江以南各地的商旅和运漕都集中到扬州,再向西北运到长安和洛阳,通过永济渠,到达清河(今河北清河)和幽州。

溯江西上,至九江而南,可达洪州(江西南昌);沿赣江、北江转向交州、广州,可远航东南亚、东非各国;自九江而西,经鄂州(武昌),西可抵达巴蜀;南渡长江,经润州循江南运河至杭州,溯浙水而上,经睦州(今建德)和衢州,可达建州(今福建建瓯)和福州。浙江、宣歙、江西、湖北、湖南、福建以及长江上游的益州、荆州的各种财货,皆可由水道运抵扬州。唐代诗人杜牧"蜀船红锦重，越橐水沉堆"的诗句，就是对当时扬州水上大交通的形象描述。

由于舟行平稳远胜鞍马劳顿，时人往岭南、巴蜀等地，宁愿绕道扬州，也不愿意翻山越岭、历栈道之险。

扬州不仅是国内交通的枢纽，也是唐王朝对外贸易的主要港口。

扬州是对日本、朝鲜来往的主要始发港，南下西去还可抵天竺、大食、波斯等国。唐代扬州对海外贸易的航线，主要有下面几条：前往日本的商船从扬州出发，向东直航，到达日本奄美大岛附近，转而北航吐葛喇列岛，经屋久岛、种子岛，继续北行经平户岛，东抵大津浦；前往西亚的商船，经明州（今泉州）、广州，前往大食、波斯等西亚各国；前往高丽、新罗的商船，沿运河北上，经楚州（今淮安）出淮河口，达高丽、新罗。

日本遣唐使来华，一般"从筑紫出发，经由南岛，横渡中国海，以到达扬子江口附近"。唐朝出使日本的船只也多从扬州出发，如鉴真六次东渡日本，其中有三次是从扬州起航的。

瓷器是唐代中国对外输出的大宗货物，自20世纪70年代以来，扬州陆续出土了大量唐代陶瓷，几乎包括了当时中国南北各地主要窑口的产品，并且，这些9至10世纪的贸易陶瓷，与南亚、西亚、东非、北非许多国家同时期一些著名城市和港口遗址出土的中国外销陶瓷标本的类别非常近似或完全一致，这说明扬州是海上丝绸之路输出陶瓷的主要中转站和集散地。1998年在印尼海底发现了"黑石号"沉船上的中国陶瓷器，同类瓷器在扬州都有出土。"黑石号"铜镜上还刻有"唐乾元元年戊戌十一月廿九日于扬州扬子江心百炼造成"的铭文。学术界认为"黑石号"是从扬州解缆起锚，目的地可能是伊朗的席拉夫。

文物工作者曾在扬州征集到双耳绿釉波斯陶壶，其后，又陆续发现和采集到8至9世纪的波斯陶片，这说明当时不仅大量中国陶瓷从扬州出口远销，西域瓷器也通过扬州港进入中国。

九世纪中叶，阿拉伯地理学家伊本·考尔大贝（Ibnkhordadbeh）将扬州与交州、广州、泉州并列为东方四大港口。[1]

这种特殊的交通优势，使得扬州成为沟通陆上丝绸之路与海上丝绸之路的连接点。兴旺的城市经济、繁荣的对外贸易、发达的造船业，共同促使扬州成为大唐国际贸易版图上大放异彩的城市明珠。

4. 商贾如云，萃集扬城

唐代扬州商贸业高度发达，史称扬州"俗好商贾，不事农桑"，"多富商大贾、珠翠珍怪之产"。德宗兴元元年（784年）杜亚任淮南节度使时，因"侨寄衣冠"者与手工业者及商人等侵占街道造宅，竟使道路壅塞不通，而各道节度使因扬州地居南北要冲，百货汇聚，"多以军储货贩，列置邸肆"。

唐代与中国通商往来的国家达70多个，扬州是可以和藩国进行单独广泛交往的外交口岸。作为国际性港口城市，唐代扬州呈现出高度的开放性。来自新罗、高丽、日本、波斯（伊朗）、大食（阿拉伯）、婆罗门、昆仑等国长期居住的经商者达数千人。

胡商是外来客商的主体，在扬州，这些来自波斯、大食的商人，无论是生活还是生意均受到优待。他们在扬州开设了大量店铺，

---

[1] 伊本·考尔大贝：《道程及郡国志》。

主要经营宝石、珊瑚、玛瑙、香料和药品。有的胡商凭着丰厚的资金，在扬州开设钱庄，进行大宗金融交易。杜甫诗"商胡离别下扬州，忆上西陵故驿楼"，就是对扬州胡商云集的反映。唐人小说《太平广记》也有关于胡商在扬州从事珠宝、药材、金融等商业经营活动的大量描述。

上元元年（760年），淮南节度使邓景山邀平卢兵马使田神功来扬州帮助镇压刘展之乱。田神功至扬州后，大肆掠夺百姓商人资产，"商胡大食、波斯等商旅死者数千人"[1]。一场战乱，扬州城里被杀的胡商竟有数千人之多，可想而知当时在扬州经商和居住的胡商之多。胡商有自己的聚居区，可以按照自己的习俗生活和从事宗教活动，他们的聚居区，被称为"番坊"。至今扬州的波斯村还居住着不少胡商后裔。扬州方言中，将收藏爱好者称为"别宝回子"，将爱炫耀己物的人称作"波斯献宝"，均可见胡商及其所从事行业的影响。

新罗统一以后，新罗商人到中国经商的很多。新罗商人主要在山东半岛、江淮地区和扬州的大运河沿线城镇进行长途贩运、居间贸易。他们带来新罗的各种土特产品，贩回丝绸、瓷器、茶叶、书籍等货物。

新罗宾贡崔致远记录了晚唐中和年间（880—884年）新罗商人在扬州从事官方交往和民间贸易活动的许多线索。他在淮南幕府期间，参与新罗客商在扬州的贸易活动。其时新罗商人张保皋拥有庞大的商业船队，在新罗、中国、日本三国间进行大宗贸易，其最重要的贸易国是中国、最大的贸易地是扬州。

[1]《旧唐书·田神功传》。

（二）城市制度的改变

中国古代的坊市制度，从西周时开始萌芽，春秋战国时期，逐渐形成。坊市制主要是将住宅区（坊）和交易区（市）严格分开，并用法律和制度对交易的时间和地点进行严加控制。唐代扬州罗城内按规制设有工商业集中区——"市"，居民集中居住在整齐划一的居住区——"坊"内。

坊市制度在中国延续了一千多年，直至八世纪中叶才出现松动，并于八世纪末在扬州取得突破。这种突破，得益于唐代后期扬州的商业中心、财赋中心、交通中心地位。扬州在玄、肃、代宗时曾获得两次发展机遇。一次是漕运的扩大和盐法份额的改变，玄宗时朝廷扩大漕运，代宗时南方钱粮先集中到扬州，然后再编船北上。过往漕船为节省时间，只能在官河沿岸就近补给物品，催生了沿河的商业带；另一次机遇发生在"安史之乱"以后北人南迁，大量人口的涌入为扬州工商业的发展注入活力。由于工商业活动的集中和人口的增加，贞元年间，扬州城里甚至出现了"侨寄衣冠及工商等多侵衢造宅，行旅拥弊"的现象，传统的坊市制度已经成为城市发展的桎梏并受到挑战，突破势在必行。

首先是坊市分离的体制被突破。早在天宝年间，扬州官河两岸已出现商业活动。大历、贞元年间，市外的商业活动日益频繁。兴元年间，北方工商业大户大批南下，侵街造宅，城内官河沿岸逐渐出现了一条商业街。这条商业街经久不衰，酒楼、茶肆、饭店、民宅、邸店，错杂成列，形成市井相连的新貌。

日本学者井上靖在《天平之甍》一书中，曾对扬州罗城的街市作过描述："眺望市区罗城一带，大运河从南到北，穿过中部，东西通着二十二条街道……大小江河上二十四桥中的几座桥和并峙岸边仓库的屋顶，以及大小的伽蓝，掩覆在丛生的树荫之中……从禅智寺境内的一角，可以俯瞰高地流过的运河，看到河中挤满了无数大小的船只，舷舷相摩……"

唐代扬州的商业街在唐诗中多有印证，韦应物"华馆十里连"，杜牧"春风十里扬州路"等，就是就指城内纵贯南北的大街。

其次，坊市的封闭性被打破。坊、市分隔是坊市制的特点之一，其目的在于控制城市居民，维护统治。为保证其贯彻实施，唐代政府曾颁发不少相关律令。在唐后期的扬州，这些禁令已逐渐失效，沿街造宅在扬州十分常见。1993年，考古工作者在今大东门街西部发现一个唐代黄黏土磉墩，从所处位置看，这条南北向道路正是官河旁的主干大街。

第三，宵禁制度被打破，夜市出现，出现了"夜市千灯照碧云"的繁荣景象。

坊市布局的突破使得城市生活发生了重大变化：城市布局和工商布局发生嬗变，为宋代以后开放式的街巷体制开了先河；经济更加繁荣，工商阶层更为活跃；人民有了更多的自由。

（三）城市格局的变迁

宏观上看，大运河漕运功能的发挥，给唐代扬州城市建设带来了蓬勃生机，使扬州一跃成为国内外著名的商业大都；微观上看，大运河扬州段的流向，直接影响着扬州城的形制。

杜牧《扬州三首》诗中的"街垂千步柳，霞映两重城"，形象地描绘了唐代扬州城的形制。这两重城，一是罗城，二是子城。罗城为外大城，子城为内小城，罗城与子城的关系是大城包小城，通常情况下，这种形制应呈"回"字形平面布局，但扬州城则不然。子城在蜀冈上，位于扬州城西北，罗城在蜀冈下，地当其东南，两城相连，呈"吕"字形布局。形成这一格局的原因，主要受大运河位置的影响。

唐代沿用了隋江都宫城，作为扬州大都督府、淮南节度使等地方官吏的府属，其沿用关系十分明确。子城为官衙所居，唐又称衙城，平面呈不规则方形，面积不足3平方公里。[1] 这一座居于蜀冈高地的小城，显然不能适应处于交通枢纽地位、日益繁忙的物资集散的需要，"唐为扬州，城又加大"，势在必行。大运河从蜀冈下的子城南端流过，士民工商逐河而居，两岸首先得以开发，已形成新型的工商业区，这就决定新建的罗城必然要向蜀冈以下发展，从而形成与子城南北相连，高低错落的"吕"字形格局。

唐代大运河扬州段的流向，从唐人梁肃的记载可知梗概——"当开元之前，京江岸于扬子，海潮内于邗沟，过茱萸湾，北至邵伯堰，汤汤涣涣，无溢滞之患"，文中所述海潮进退线路，具体说明了大运河扬州段由南向北，抵蜀冈，沿邗沟故道，折向东的主干线的流向。依据目前掌握的考古资料，罗城筑城年代大大晚于子城，因子城是利用隋宫城，而罗城为唐代新创，城区开发在前，围建城墙在后。从地层迭压关系看，罗城四缘城墙时代上限，均晚于唐代早期。如前所述，由于运河在蜀冈下临近子城，由南而北折弯向东而过，运河流经地域首先得以开发而繁荣起来。日本学者安腾更生《扬州唐宋城之研究》所附扬州唐城图，即以虚线来表示罗城之东南角。清代地方学者刘文淇在《扬州水道记》

---

[1] 王勤金：《述论运河对唐代扬州城市建设的影响》。

中,则明确认为罗城东南角在城外而不在城内。

唐末五代之际,扬州经历数次兵燹之害。周小城的选址占据原唐罗城一角,利用原有的城墙和城壕,这一方面是因为这一区域原本较为繁华,另一方面是为利用唐代所开河道。北宋时期宋大城的南壕、东壕为大运河,城内的主干道、市肆及河流均承袭唐代,街巷则更为开放。

(四)唐代扬州的文化与中外交流

1. 诗境里的扬州

唐代是中国古典诗歌发展的全盛时期,把中国古曲诗歌的音节和谐、文字精练的艺术特色,发挥到前所未有的高度;唐代也是中国城市发展的鼎盛时期,扬州是其中突出的代表。优美的自然环境、富庶的经济、海内外频繁的交流,使得扬州成为文人频繁往来与留恋的城市。整个唐代大约有120名诗人留下了400多首吟咏扬州的诗篇,其中很多篇章,成为中国文学史上的千古名篇。

在唐代最著名的诗人中,到过或写过扬州的有李白、杜甫、白居易、刘禹锡、骆宾王、张若虚、孟浩然、王维、高适、岑参、刘长卿、韦应物、柳宗元、杜牧、李商隐、温庭筠等,他们或居于此,或仕于此,或游于此,写下了大量诗篇。通过他们的诗歌,扬州不仅在当时就声名远播,并且这种影响力一直延续到现代。

唐诗对扬州的描写,几乎囊括了扬州自然、地理、历史、城市、风情、物产等所有方面。从物质世界里真实可触的扬州,到想象空间里梦幻诗意的扬州,唐诗塑造了一座亦真亦幻,既浓丽繁华,又空灵浪漫的城市。烟花三月、月亮城、竹西佳处、淮左名都、绿杨城郭等唐诗中的意境,成为扬州的别号。

诗人们对扬州的关注，首先是其特殊的地理因素。许多唐诗从标题就表明了扬州与大运河的关系，如骆宾王《渡瓜步江》、孟浩然《渡扬子江》、祖咏《泊扬子津》、朱放《扬子津送人》、卢纶《泊扬子江岸》等。张若虚的《春江花月夜》，被誉为"孤篇盖全唐"，诗中艺术地再现了扬州南郊大运河入江口一带的长江江景，"春江潮水连海平，海上明月共潮生。滟滟随波千万里，何处春江无月明？江流宛转绕芳甸，月照花林皆似霰"，此诗气势磅礴，并点明了扬州的地理位置——江河海的交汇处。

一些唐诗直接因扬州大运河引发关于隋王朝的兴亡之叹，比如王泠然的《汴堤柳》、李益《汴河曲》、白居易《隋堤柳》、张祜《隋堤怀古》、李商隐《隋堤》、汪遵《隋柳》等。皮日休的《汴河怀古》——将隋炀帝与古代传说中治水的圣人相比，"尽道隋亡为此河，至今千里赖通波。若无水殿龙舟事，共禹论功不教多"。这首诗对于隋炀帝修大运河招致国力衰竭，导致亡国的历史，给予了公正评价。

唐代扬州城市人口众多，许浑曾在诗中惊叹："十万人家如洞天。[1]"表现城市繁华的作品在唐代扬州诗中占了很大的比重，姚合在《扬州春词》里用了大量笔墨来描写广陵的艳丽景象："满郭是春光，街衢土亦香。竹风轻履舄，花露腻衣裳。"权德舆的《广陵诗》对扬州作了全景式鸟瞰："广陵实佳丽，隋季此为京。八方称辐辏，五达如砥平"，"大旆映空色，笳箫发连营。层台出重霄，金碧摩颢清。交驰流水毂，迥接浮云甍"，"青楼旭日映，绿野春风晴。喷玉光照地，颦蛾价倾城。灯前互巧笑，陌上相逢迎。

---

[1] 许浑：《送沈卓少府任江都尉》。

飘飘翠羽薄,掩映红襦明……"繁华都市楼台耸立、街市美景流光溢彩,这就是诗人笔下的唐代扬州。

城市商业的发达,促进了夜市的繁华和夜生活的丰富多彩。于邺的《扬州梦记》记载:"扬州,胜地也。每重城向夕,娼楼之上,常有绛灯万数,辉罗耀列空中。九里三十步街中,珠翠填咽,邈若仙境。"王建《夜看扬州市》"夜市千灯照碧云,高楼红袖客纷纷"、李绅《宿扬州》"夜桥灯火连星汉,水郭帆樯近斗牛"等都有类似的描述。

唐代扬州改变了传统中国农耕时代人们"日出而作、日落而息"的生活习俗,繁荣热闹的夜生活成为扬州迥异于他处的特点。诗人们对夜晚景物的观察与体验也随之增多,扬州的月色,成为诗人描写的重要对象。徐凝的《忆扬州》:"萧娘脸薄难胜泪,桃叶眉头易觉愁。天下三分明月夜,二分无赖是扬州。"杜牧的《寄扬州韩绰判官》:"青山隐隐水迢迢,秋尽江南草未凋。二十四桥明月夜,玉人何处教吹箫。"张若虚的《春江花月夜》:"……江天一色无纤尘,皎皎空中孤月轮。江畔何人初见月,江月何年初照人",这些都是吟咏扬州月色的名篇。诗人们用梦幻般的笔调,写出了扬州月夜的无限情致和隽永明丽,"二十四桥明月夜"也成为人们千百年来怀想、向往扬州的共同情结。

在人们最属意的春季,扬州草长莺飞,繁花似锦,"广陵三月花正开"[1]、"暮春三月晴,维扬吴楚城"[2],都是诗人们对三月扬州的描摹。其中最有名的是李白留下的千古名篇,他"仗剑

---

[1] 韦应物:《酬柳郎中春日归扬州南郭见别之作》。
[2] 刘希夷:《江南曲》。

去国，辞亲远游"，最早前往的大城市就是扬州。他在扬州留下了《秋日登扬州栖灵寺塔》《广陵赠别》等诗篇。两年后，当好友孟浩然从武昌赴扬州时，李白写下了《送孟浩然之广陵》："故人西辞黄鹤楼，烟花三月下扬州。孤帆远影碧空尽，唯见长江天际流。"从此，"烟花三月"成为中国文化中"江南"意象的代表，永存于文学的历史时空里。

扬州风物是诗人们感兴趣的内容之一，如孟浩然《宿桐庐江寄广陵旧游》、王昌龄《客广陵》、岑参《送扬州王司马》、高适《广陵别郑处士》，徐凝、张祜、陆畅、许浑、李商隐等也都着力歌咏扬州风情。其中最突出的是杜牧，他先后两次居住在扬州，其诗作直接写到扬州的有十余首，如《扬州三首》《题扬州禅智寺》《寄扬州韩绰判官》《赠别二首》等，最有名的是《遣怀》："落魄江湖载酒行，楚腰纤细掌中轻。十年一觉扬州梦，赢得青楼薄幸名。"三年的扬州生活让他沉入城市的精神深处，感受城市的独特脉搏，他才情勃发的个人体悟代表了整个时代对扬州的理解。从此"扬州梦"成为中国最绮丽的城市之梦。

唐代扬州物产在唐诗中也多有体现，如张鷟《扬州青铜镜留与十娘》、崔成甫的《得宝歌》、无名氏的《得体歌》、白居易《百炼镜》等，描写的都是扬州铜镜。

2. 唐代扬州的东西方交流

自汉代起，扬州就是一座开放程度很高的城市。到了唐代，随着扬州城市地位的不断提升和对外交往的日益频繁，这座城市的东西方文化交流进入全新的历史时期。商贾、僧侣、学者、文士、画家、优伶、工匠、外国留学生……各种人群在扬州萃集、居留或往来经过，使得扬州不仅仅是商品货物的集散地，也是文化交流的重要场所。

自贞观五年（631年）至开成三年（838年），日本先后派出13次"遣唐使"，其中包括使者、留学生和学问僧，扬州是这些遣唐使和留学生的主要入境口岸，扬州还设有专门接待日本使者的"扶桑馆"。圆仁就是在扬州学习的日本学问僧之一。

唐文宗开成三年（838年），圆仁以请益僧身份入唐求法，从开成三年七月至开成四年（839年）二月，圆仁在扬州开元寺学习了八个多月。他的日记体著作《入唐求法巡礼行记》，记载了自己入唐求法的过程，所涉内容几乎涵盖了晚唐时期社会生活的各个领域，对唐代扬州从城市格局、交通状况、商业经济到社会风俗都做了详细记录，此书还记录了他从扬州乘舟，沿大运河北上到其他城市游学巡礼的过程。

大明寺鉴真纪念堂

唐代中日交流最重要的事件是鉴真东渡。鉴真（688—763年）是扬州大云寺的授戒大师，名满江淮。他所处的时代，是日本全面学习和移植唐朝文化的时代，日本僧人来到扬州，邀请鉴真"东游兴化"，鉴真答应了他们的请求。他先后六次东渡，历时十一年，终于在唐天宝十二年（753年）东渡成功，到达日本。

鉴真将唐朝戒律制度传到了日本。他为包括众多高僧在内的日本僧人重新授戒，建立了完备的授戒制度，成为日本律宗的开山祖师。他对日本天台宗和真言密宗的开创，也起到了重要作用。

鉴真东渡，同行者"玉作人、画师、雕佛、刻镂、铸写、绣师、修文、镌碑等工手都有八十五人"[1]，这些各方面的专门人材，对日本医药、雕塑、绘画、书法、建筑等各方面都做出了突出贡献。鉴真得到了后世的高度赞扬与崇敬，这不仅因为他百折不回的坚毅精神，更因为他作为唐朝的使者，将先进的文化带到日本，对日本文化发展起了重要作用。

新罗与唐朝间的文化交流也十分频繁活跃。与日本一样，新罗在社会制度、典章文物、文化生活、风俗习惯等各方面都积极向唐朝学习，并受到了唐朝文化的强烈影响。新罗子弟大批来到中国，学习各种专门知识。在唐朝的留学生，以新罗最多，其中的佼佼者，甚至可以通过参加科举考试，留在唐朝为官，崔致远就是其中之一。

唐僖宗乾符元年（874年）十七岁的崔志远考取了"宾贡进士"，被授以溧水县尉。880年，崔致远来到扬州，在扬州大都督府担任掌书记之职，后被授以都统巡官，教阅军队、参与军事活动。四

---

[1]《唐大和上东征传》，第51页。

年后（884年），崔致远离开扬州，回到新罗。朝廷授予他唐朝"国信使"，委他以加强新罗与唐朝交流的重任。崔志远与当时许多著名的诗人都有交往与唱和，被唐朝文坛誉为"文童"，并以晚唐诗人身份载入中国文学史。在朝鲜半岛，崔致远被韩国人民视为韩国汉文学的开山鼻祖，被尊为"东国儒宗"、"东国文化之父"。

唐代的中国是自由、多元的国度，随着西域波斯、大食商人入唐经商，穆斯林文化也东传到了中国。穆罕默德说："学问虽远在中国，亦当前往求之。"在中国穆斯林社会，至今传诵着"四大贤人进唐朝"的故事，穆罕默德派门徒"四大贤人"前往中国传教，其中大贤在广州，二贤在扬州，三贤四贤则在泉州。

20世纪70年代，考古工作者在扬州唐城遗址中曾发掘到深目高鼻的三彩人面像，1980年，在蜀冈一带的唐墓中发掘出绿色彩绘阿拉伯文"真主最伟大"陶壶，说明扬州与阿拉伯文化的交流源远流长。

自唐代以后，扬州成为西方人感兴趣的东方城市之一。普哈丁是穆罕默德的第十六世裔孙，他于南宋咸淳年间到扬州传教，并在城里繁华地带建了一座清真寺——仙鹤寺。1274年，普哈丁乘船沿大运河北上，前往山东济南传教，在返回扬州的途中，病逝于船上。临终时，他要求将自己的遗体葬在扬州大运河东岸的高冈上，即今普哈丁墓园。普哈丁墓园中的建筑，兼具扬州传统园林与波斯建筑风格，体现了两种不同文化之间的包容与和谐。

马可·波罗是意大利著名旅行家，他在元代从西方来到中国。在《马可·波罗游记》中，详细记载了他沿着大运河，自北向南在中国旅行时见到的自然风光、交通、城镇分布以及各种民间风习，对扬州辖地宝应、高邮、真州（仪征）等地都有描写。他甚至自述曾经"奉大汗的特命"，担任扬州的总督达三年之久。[1]

清代扬州，盐运带来城市全面繁荣

（一）扬州的盐业经济

扬州在中国古代一直是盐业中心，自古就有"扬州繁华以盐胜"之说。纵观历史上扬州盐业经济的兴盛，主要有三个原因：

一是因"产盐而盛"。扬州东临大海，从汉代开始，扬州就是重要的产盐区。西汉广陵王刘濞"煮海水为盐"，并经营40余年，出现了"以故无赋，国用富饶"的强盛局面。清代，全国9个主要的产盐区产盐总数为540万引（每引一般为300—400斤），其中两淮盐产达到160万引，占31%，而两淮盐场一直隶属扬州。

二是因"运盐而盛"。扬州地处南北交通要冲，是盐的集散地和运输中心。清代，按政府规定，湖南、湖北、江西、安徽四省的食盐，均须从两淮盐区运出，故四省盐商大量聚集于扬州。扬州之盐，凡是销往四省口岸的，其运盐的先后、载盐的多少、盐价的贵贱，都由大小商人们议定，于是四岸公所[2]便应运而生。只有诸事议定了，客商们才能持票往仪征十二圩盐栈领盐，然后装船驶往各个口岸。据记载，从扬州内河至大江的盐纲船行列十分壮观，清代著名文学家汪中在《哀盐船文》中曾经这样形容："是时盐纲皆直达，东至泰州，西极于汉阳，转运半天下焉。唯仪征绾

---

[1] 意大利《马可波罗游记》。
[2] "四岸公所"，位于丁家湾西端，是扬州盐运的见证，是湖南、湖北、江西、安徽四省商人议事的场所。

其口。列樯蔽空，束江而立，望之俨若城郭。"盐运业不仅促进了扬州的繁荣，其管辖的泰州、真州也因盐运业而出现繁盛的局面。

三是因"管盐而盛"。唐代在扬州设盐铁转运使，北宋设发运使、转运使、提举茶盐使管理盐务。995年，北宋在扬州设局，南宋高宗在扬州设行，负责发卖盐钞。经过高宗、孝宗两朝的复兴，南宋中期江淮的盐产和盐利达到最高纪录。明清两代在扬州设两淮都转运盐使司，管理两淮盐务，扬州成为全国盐业管理中心。清代盐课是清政府的经济命脉，在全国盐课982万两税银中，两淮盐课高达607万两，占总数的62%。"运河之东产盐，也经运河外运"的局面仍然得以持续。直至民国，在扬州建立的两淮盐务稽核所，仍然体现着扬州盐业管理中心地位的持续。

也正是因为扬州成为全国盐业生产、运输以及管理的中心，扬州盐商集团得以逐步形成。特别是自明成化、弘治年间，盐政实施开中折色制以来，扬州作为盐业产运管的中心，更有利于商人经营牟利，于是"富商大贾，鳞集麇至"，两淮盐商集团开始形成。清代康熙、乾隆年间，扬州盐商发展至顶峰，其资本银达七八千万两之多，约为乾隆三十七年（1772年）中央财政收入的两倍。历史学家何炳棣在《扬州盐商：十八世纪中国商业资本主义研究》中指出："综而言之，十八世纪两淮盐商可以说是中国无可匹敌的商业巨子……虽然十九世纪公行中最富有的家庭伍家，其财富超过个别的两淮盐商，……但是两淮盐商总体累积的财富远远超过行商财富的最顶峰。"[1]

---

[1] 何炳棣：《扬州盐商：十八世纪中国商业资本主义研究》，《中国社会经济史研究》，1999年2期，第59-76页。

（二）城市规模的扩张

明清扬州有新旧两城，旧城是元至正十七年（1357年），明攻占扬州后，张德林截宋大城西南隅为之。其东、西、北三面有城壕相绕，南以运河为界。城池平面为南北长、东西狭的长方形。元代南北大运河的开通，进一步促进了扬州经济的发展，扬州真正成为盐、漕、河三大要政之区，成为全国城市中最为繁华的要区之一，城市地位也相应得到了提升。明初修建的旧城已不再适应城市经济、文化发展的需要，出现了"城小不能容众"[1]的情况，城区范围逐渐向运河东、南两个方向发展是一种必然的趋势。

明代，扬州是"自南入北之门户"[2]"留都股肱夹辅要冲之地，两京、诸省官舟之所经，东南觐贡之所入，盐舟之南迈，漕米之北运"[3]，其经济地位十分重要。国家财政赋税收入中的地税，包括漕粮以及盐税收入，这些支撑国家运转的重要命脉都与扬州有关。

为了便于盐税的征管，明洪武三年（1370年），明政府在扬州城东大东门外设立两淮都转盐运使司[4]。宣德五年（1430年），政府在扬州设立钞关，征收船钞税。正德五年（1510年），因东、北"民居鳞集"[5]，盐务官员不得不陆续在盐务衙门西、南两面建房百间，供人居住。嘉靖时，扬州十分繁华，正如《扬州新城记》所言："扬州城四方舟车商贾之所萃，生齿聚繁，数倍于往昔。又运司余盐银独当天下赋之半，而商人实居旧城之外，无藩篱之

---
[1] 嘉靖《淮扬志·军政志》。
[2] 《明神宗实录》。
[3] 嘉靖《淮扬志》卷27。
[4] 盐务管理机构设在靠近运河边的地方，明代就在旧城外。
[5] 嘉庆《两淮盐法志》卷37。

限。"作为大运河沿线重要的交通要冲,盐业鼎盛带来扬州地方经济的空前繁荣,原有的城市规模已不能满足发展所需,这是城市从旧城向新城扩张的原因之一。

自洪武三年(1370年)起,明政府实施开中盐法制度,弘治年间又实施折色制度,晋商、陕商、徽商以及湘、鄂、赣商纷纷来到扬州经营盐业贸易。为了盐业贸易,许多盐商定居扬州,落籍于此。特别是徽商,往往携家带口,聚族而来,聚族而居,造成外来人口的大量增加。旧城与大运河之间的关系较为疏远,交通相对不便,为了方便行盐,徽商把堆贮食盐的仓库建在大运河边,并且选择旧城东、南边的空隙之地,建房造屋,居住于间。盐商们靠近旧城东、南的商业和民间活动,也是旧城向新城扩张的原因之一。

明初以来,包括扬州在内的东南沿海地区不断遭到倭寇侵掠,百姓的生命财产遭到严重损失。明嘉靖年间倭患越来越严重。郑晓在《擒斩倭寇疏》中说:"江北扬州,通泰等处,盐课甲于天下,今皆屡经劫掠焚烧之祸,农人释来,盐丁罢灶,阻误漕运,亏损钱粮。若不聚兵调食,将来患害何所底极。此非特东南数郡之忧,关系国家大计……此臣为财富而言,至于人民荼毒,闾井萧条,就使生养休息,不十余年,未得复归,兴言及此,实为忧惧。"[1] 倭寇自嘉靖三十三年(1554年)至三十九年(1560年)不断侵掠。鉴于扬州倭患的严重,旧城外运河边上的居民生命财产岌岌可危,加之两淮盐运使司衙门又设在城外,财富重地处在极其危险的境地。为了保卫扬州城免遭倭患,在嘉靖三十四年(1555

[1] 见《柳诒征史学论文集》中《江苏明代倭寇事辑》一文。

年），扬州知府吴桂芳接受了副使何城、举人杨守诚的建议，在扬州旧城外建新城。扬州新城又称为"东城"、"石城"，它"起自旧城东南隅，而北、而西，及旧城之东北隅止"，全长十里，一千五百四十一丈九尺，有七个门，即挹江（钞关）、便门（徐凝、徐宁）、拱宸（天宁）、广储、便门（便益）、通济（缺口）和利济（东关），门各有城楼，有敌台十二个。旧城东门外，即新旧城之间有护城河，并增建了南水门，名"龙头关"。新城东南以运河为壕，北壕与旧城北壕相通，西以小秦淮与旧城为界。这样新旧城相连，形成外似一城，内实两城的格局。从整体看，此时的扬州城南北长约3000米，东西宽约4000米，周长约15000米，面积14平方公里左右，为东西向的长方形[1]。

  扬州新城在抵御倭患上发挥了重大的作用，也对扬州今后的城市发展带来了积极的作用。据何诚《扬州新城记》记载，新城建成后，"居民鳞次，在前岁为灰烬者，悉焕然为栋宇；人物熙熙，商贾犹复聚于市；少者扶老，羸壮者任载负；与夫美衣御食之人，犹复谥于途；风晨月夕，歌鼓管龠之声，犹复盈于耳；弦歌诵习，在乡塾者无处不然，与未遭寇乱时无异。而余岁时复得从乡社诸老席于宾筵之末，听乡乐之歌，饭献酬之酒，夜则颓然就寝，无复移家之虑。顾无城安有此乐耶！"[2] 其后，随着漕运、盐业的进一步发展，"四方托业者辐辏"[3]，这些为清代康乾时期扬州的繁华奠定了基础。

---

[1] 同治《扬州府志．扬州府治城图》。
[2] 嘉庆《两淮盐法志·选文》。
[3] 乾隆《江都县志》卷17。

（三）城市生活的丰富性

1. 园林的兴起

明清时期，扬州成为两淮盐运集散地，经济发展迅速，加之帝王南巡的直接推动、地方官员的高度重视、盐商的大量投资等因素的作用，瘦西湖及其他宅院出现了复兴。明代中叶以后，徽商开始大规模地建筑园林和住宅，城内外有平山别墅、偕乐园、慈云园、康山草堂、影园、嘉树园、休园、红雪楼、迁隐园、小东园、竹西草堂、双淮堂等。明代扬州有许多园林比之以往，更讲究整体规划、建筑、山水摆布与花木配置。明末形成的关于造园的"巧于因借，精在体宜"、"虽由人作，宛自天开"等造园思想更将扬州造园水平提到前所未有的高度。清代，尤其在乾隆年间，扬州园林出现了空前盛况。至丙辰三十年（1765年）扬州北郊建卷石洞天、西园曲水、虹桥揽胜、冶春诗社、长堤春柳、荷蒲薰风、四桥烟雨、春台明月、白塔晴云、三过留踪、蜀冈晚照、万松叠翠、双峰云栈等二十四景。"两堤花柳全依水，一路楼台直到山[1]"的园林胜景得以形成，清人刘大观曾称赞道："杭州以湖山胜，苏州以市肆胜，扬州以园亭胜，三者鼎峙，不可轩轾[2]。"扬州还享有"扬州园林甲天下"的隆誉。

2. 艺术的成就

扬州处于长江与大运河的交汇处，加之康乾盛世两代帝王的多次南巡、地方经济的高度发展，艺术十分繁荣。无论是书法绘画还是戏剧曲艺，都有着突出的成就和独特的风格。

---

[1] 王振世《扬州览胜录》卷1《北郊录上》，江苏古籍出版社，2002，第36页。
[2] 李斗《扬州画舫录》卷6《城北录》。

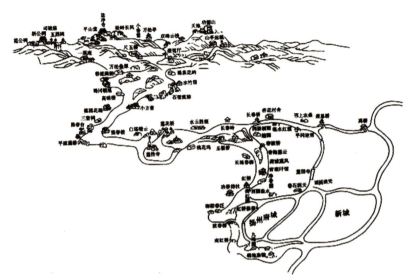

二十四景分布图

　　明清两代，扬州人才辈出，各领风骚。谈书画艺术，从石涛到扬州八怪，都是极有影响力的画派大师。石涛，明末清初著名画僧，工诗文，善书画，尤以山水见长。笔法恣肆，离奇苍古而又能细秀妥帖，为清初山水画大家。他作画构图新奇，无论是黄山云烟、江南水墨，还是悬崖峭壁、枯树寒鸦，或平远、深远、高远之景，都力求布局新奇，意境翻新。他尤其善用"截取法"，能以特写之景传达深邃之境。石涛还讲求气势，笔情恣肆，淋漓洒脱，不拘小处瑕疵，作品具有一种豪放郁勃的气势，以奔放之势见胜。有《搜尽奇峰打草稿图》、《淮扬洁秋图》、《惠泉夜泛图》、《山水清音图》、《细雨虬松图》、《梅竹图》、《墨荷图》、《竹菊石图》等作品传世，对清代以至现当代的中国绘画发展产生了极为深远的影响。石涛51岁后客居扬州，直至终老。这期间他一心投身创作，是艺术最为炉火纯青之时，对日后

"扬州八怪"的诞生产生了深远的影响。"扬州八怪",是清代康雍乾时期活跃于扬州画坛艺苑一个重要的文学艺术流派,由大约十五位画家组成,因画风相近,并且迥异于传统,被时人称为"扬州八怪"。他们大多数并非扬州人,而是沿着大运河汇聚到扬州。扬州开放的风气和对外来文化的吸纳包容,使得他们标新竖异的画风在扬州获得了张扬的机会;扬州富裕的城市经济,也使得他们的艺术品有了良好的消费市场。"扬州八怪"的画家以创新的勇气、独特的个性、泼辣的画风,大胆突破了当时崇尚摹古的画风。他们才艺卓著,善于在继承中创新,尤以绘画为世所仰,且能熔铸诗、词、曲、文、书、联、印七艺,领异画苑文坛。他们的画作产生了深远的影响[1],对近代中国书画等艺术的发展作用巨大,在中国艺术发展史上占有极为重要的地位。

由于康熙、乾隆两代帝王的连续南巡,扬州进入鼎盛时期,也随之成为中国南方的戏曲中心。清代扬州商业发达,又是盐商集中地。"商路即是戏路",各地戏曲艺人纷纷流向扬州,扬州戏曲舞台逐渐繁盛,出现了花部(民间戏)和雅部(昆曲)争胜的局面。据《扬州画舫录》记载,天宁寺、重宁寺均曾搭建戏台,"两淮盐务例蓄花、雅两部,以备大戏",供帝王南巡时欣赏。康乾时期,扬州成为南方戏曲中心,设在盐商住宅区南河下和盐商炒卖盐引的地点引市街附近的"苏唱街",曾设有梨园总局,它不仅是昆曲艺人的梨园公所,而且同时也是管辖其他各地昆班的中心机构,在清代戏曲界有举足轻重的位置。

乾隆五十五年(1790年),为庆祝乾隆帝八旬寿辰,调四大

---

[1] 王伟康:《扬州八怪概论》,《南京广播电视大学学报》,2006年3期。

徽班[1]进京祝寿,扬州盐商江鹤亭组织了"三庆班",由艺人高朗亭率领从扬州进京。徽班曲艺在进京演出的过程中又吸收了昆曲、弋阳腔、梆子腔等剧种的表演技艺,通过不断的交流、融合,逐渐发展成为国粹——京剧。

3. 文化的发达

明清易代之际,扬州受到战争的严重破坏。迨至乾隆盛世,扬州再次崛起为东南一大都会,以盐商经济为依托,创造出文化艺术全面繁荣、盛极一时的局面。"其壮观异彩,顾陆所不能画,班扬所不能赋"[2]。仅就《扬州画舫录》一书所述,其时扬州商业经济、学术文化、戏曲绘画、庙宇园林、百工技艺以及社会生活的方方面面,既是扬州地方的,又是当时主流文化的重要组成部分。

由于扬州文化与盐业经济形成一种水乳交融、相得益彰、互为因果的紧密关系,观察扬州文化的视角必须时时与盐商经济相扣。或者有许多文化形态已升华为精神层面的品格样式,但究其实质——如果把盐商经济比喻为孕育扬州文化的母体——这种文化依然有其脱胎而来的母体因子的存在。明清两代,扬州教育比较发达,是与两淮的盐商分不开的。

扬州盐商通过盐业专营获取了丰厚的利润,他们在扬州建书院、兴义学,为地方文化与教育事业的推动发挥了直接作用。扬州府城的梅花书院、安定书院和仪征的乐仪书院大都由盐商出资兴建。对此,地方志等材料中有着较为详细的记载。如梅花书院,

---

[1] 四大徽班即清代乾隆年间活跃于北京剧坛的四个著名徽班:三庆、四喜、和春、春台的合称。
[2] 《扬州画舫录·袁枚序》。

雍正十二年（1734年）由盐商马曰琯出资兴修，他"独任其事，减衣节食，鸠材命工……不期月而落成"，并且延聘名儒主讲其中。梅花书院兴建后，"造就了不少著名的徽籍和外籍通人硕儒，如汪中、王念孙、段玉裁、洪亮吉、孙星衍等"。对于清代扬州的学校教育，盐商不仅在修建书院上发挥了巨大的作用，而且在管理体制上也具有举足轻重的地位。几所有名的书院，比如安定书院、梅花书院、广陵书院等的管理者是盐官，而盐官的"财赋"是取之于盐商的。乾隆初年，歙县盐商的后代汪应庚曾捐50000余金重建江甘学宫，又以13000金购腴田1500亩，悉归诸学，以待岁修及助乡试资斧。[1] 盐商鲍志道不仅捐3000金重修紫阳书院，又捐8000金修建山间书院。[2] 嘉庆四年（1799年），盐商洪蔽远捐资在扬州十二门各设义学一所。

除了建书院、兴义学，他们还大量藏书、刻书，进行学术活动。扬州盐商利用雄财厚资，广泛收罗各种秘籍珍本，在丰富自身收藏的同时也为扬州储藏了大量极为珍贵的学术资源，使扬州的学术活动质量得以极大提升。如程晋芳的藏书至五六万卷，江春的"随月读书楼"、郑侠如的"丛桂堂"藏书都极为丰富。规模和影响最大的是马曰琯、马曰璐兄弟的"小玲珑山馆"，所藏多达十万卷，汇聚了各种善本精品书。当时藏书家吴翌凤曾说："乾隆初，扬州殷富……秋玉（马曰琯）尤富藏书，有稀见者，不惜千金购之。玲珑山馆中四部略备，与天一阁、传是楼相埒[3]。"这些盐商藏书家广交天下学者，为学术研究提供经济支持和图书查阅，极大地

---

[1] 黄钧宰：《金壶乙墨全集》，文海出版社，1969年，第28页。
[2] 陈去病：《丹午笔记》，江苏古籍出版社，1998年，第326页。
[3] 吴翌凤：《逊志堂杂钞》，中华书局，1994年。

扩大了学术知识的传播，为扬州学术发展培养了大量人才。

扬州盐商还积极资助学者刊刻研究成果，从而使一些很有学术价值的书得以问世，对于弘扬和保存扬州学术研究的成果，贡献极大。如清代朱彝尊所著《经义考》，是一部文献价值极高的超大部头著作，其后半部131卷全凭马氏兄弟资助才得以付梓传世。他们还为戴震刊刻了《屈原赋注》和《水经注》，为孙默雕刻了《乡谷卧全》，为王士禛刊刻了《渔洋感旧集》等。此外，扬州盐商还捐助官方雕刻《御选历代诗余》、《佩文斋书画谱》、《御选宋金元明四朝诗》、《渊鉴类函》、《佩文韵府》、《钦定全金诗》等，其中以江宁织造兼两淮巡盐御使曹寅刊刻的900卷《全唐诗》最有名气。此书从校补、缮写、雕刻、印刷到装潢无不尽善尽美，为清代刻书事业树立了良好的楷模，亦成为清代刻书的一种标准特征，即所谓"康版"。

总之，在儒商文化传统的影响下，扬州盐商"贾而好儒"，积极参与扬州城市文化建设的各个方面，对扬州社会历史的发展产生了巨大而深远的影响，极大地改变了扬州的城市精神和文化结构。

4. 工艺的繁兴

城市经济的发达、商人生活的奢靡，市民生活的富裕，给予扬州工艺品发展以良好的市场环境。品种丰富、技艺精美、风格鲜明，成为扬州工艺品的典型特征。

清代中叶，扬州玉器可以说是诸品齐备，艺术水平空前提高，尤其在乾隆年间扬州玉器进入全盛时期，扬州成为全国玉材的主要集散地和玉器主产制作中心之一。两淮盐政除在建隆寺设有玉

大禹治水图　　　　　大禹治水图（细节部分）

局，大量承划清朝宫廷各种大型陈设玉器外，每年还按岁例向朝廷进贡大量玉器，如：有名的白玉如意，用和田羊脂玉琢制，玉料洁白无瑕，凝腻如脂，造型精致典雅，被定为"扬州八贡"之一，每年都要大批送缴宫廷，供皇宫内院陈设或作为对臣下进行奖赏的"御品"。其中，清代的大型玉器以《大禹治水图》最为有名，是迄今为止我国最大的一件玉器。

扬州漆器，在明代已经发展得相当成熟。扬州成为全国漆器的制作中心，这里作坊林立，品种繁多，规模庞大。据不完全统计，漆器作坊近四十家。用漆器命名的街巷即有"漆货巷"、"罗甸（螺钿）巷"、"大描金巷"、"小描金巷"等十余条，这些街巷从原料销售、生产制作到整套经营，形成一条以漆器为产业的街坊。

两淮盐政还设有专门的漆作，大量承制宫廷各种器皿、家具和建筑装修工程。著名的漆器工艺品种有：剔红（雕漆）、百宝镶嵌、螺钿镶嵌等，八宝灰、波罗漆、刻漆、堆漆、戗金等工艺技法亦有所兴起。自宋宣和后失传的漆砂砚得到了恢复，品种堪称丰富多彩。清代扬州漆器进入空前的繁荣时期，漆艺装饰较明代呈现更为丰富的面貌，出现了一批著名的漆艺名师，如卢映之、王国琛、卢葵生、夏漆工等人，他们为扬州漆器发展作出了很大贡献。卢映之、王国琛等人在前人的基础上大胆创新，将雕漆和百宝镶嵌工艺相结合，创制了"雕漆嵌玉"这一扬州独有的地方工艺品种，这也是漆器制作工艺中比较高档的工艺品种。

清代扬州，剪纸艺人数量大增，剪纸艺人用一把剪刀，几张素纸，凭着心灵手巧，剪出生动活泼、寓意吉祥的各式花样。扬州城内赖剪纸为生的民间艺人颇多。嘉、道年间著名剪纸艺人有包钧等，他们技艺超群，有"神剪"之誉。在包钧的剪下，花、鸟、鱼、蝶无不神形兼备，引人入胜。时人对他的剪艺甚为赞赏，给以"任他二月春风好，剪出垂杨恐不如"的高度评价。扬州剪纸工艺，讲究线条清秀流畅，构图精巧雅致，形象夸张简洁，技法变中求新，具有特别的"剪味纸感"和艺术魅力，为中国南方民间剪纸艺术的代表之一。其用纸以安徽手抄宣为主，厚薄适中，无色染，质地平整。扬州剪纸题材广泛，有人物花卉、鸟兽虫鱼、奇山异景、名胜古迹等，尤以四时花卉见长，其特点是以画为稿，构图简练、线条圆滑、显得清秀而挺拔，给人以厚实完整之感，具有优美、清秀、细致、玲珑的艺术风格和地方特色。

5. 生活的悠闲

明清时期，随着扬州城市商品经济的发展，以富裕盐商为主体的市民阶层享受之风日盛，并为此不惜重金。在这一社会需求的推动下，扬州的饮食、理发、沐浴三个行业逐渐发展起来，成为颇具地方特色的"三把刀[1]"，为国内饮食文化和民间养身保健业的繁荣奠定了重要基础。

大运河开凿以后，扬州成为盐漕两运、物资集散和进出口口岸的水陆交通枢纽，八方辐辏，帆樯林立，商贾麇集，文士如云，经济、文化高度发达。尤其是康乾盛世，淮扬菜进入了大发展时期。明万历年间《扬州府志》记载："扬州饮食华奢，制作精巧，市肆百品，夸示江表……"足见其时扬州饮食之排场、之精湛、之丰饶，足以傲视江南了。清代，两淮为繁华富庶之乡，盐漕运输的枢纽地位，扬州得以雄踞东南美食的重要位置。

另外，扬州地处长江下游，气候适宜，物产丰富。扬州位于江河水网地区，尤富动植物水鲜，苏东坡《扬州以土物寄少游》诗中提及的鲜鲫、紫蟹、春莼、姜芽、鸭蛋之类，郑板桥诗词中描述的鲜笋、鲥鱼和"蒲筐包蟹、竹笼装虾、柳条穿鱼"等，比比皆是，海味产区亦近在咫尺。这些，构成了个性鲜明的烹饪原料。扬州菜又以扬州其集散、聚焦之地理优势，得以萃取宇内烹调技艺之精华，凝聚吴楚饮食文化之神髓。扬州菜不仅具有世人惊叹的刀功、火功等精湛的烹饪工艺，而且具有适应四面八方的

---

[1] 扬州三把刀，传统意义上有两层含义。一指饮食、理发、沐浴三个行业所使用的刀具，即菜刀、理发刀、修脚刀，这些刀具工艺考究，质量上乘；二是代表长期以来消费者对扬州饮食、理发、沐浴三个行业精湛技艺的赞誉。

"清鲜平和，浓淳兼备，咸甜适度，南北皆宜"的风味特色。从而，佳肴迭传，美点盈市，诗文词曲称颂不绝，名人题咏尤难列举，曾蒙"东南佳味"之美誉的"满汉席"亦首见于《扬州画舫录》。在此历史背景和经济地位的基础上，淮扬菜应运而生，其饮食文化积淀之深厚，海内无出其右者，故而，很早就在中华大风味菜系中得一席位。

扬州的理发业，在明代时候开始萌芽，当时，专门的梳理人员已经出现。明后期扬州固定铺面的理发店开始出现，起初店内设备简陋，后来扬州城逐渐出现规模较大的店面，店面名称也从剃头店改为理发店、理发室。店内设专用的理发椅、大镜子、洗头池等设备。清代，受扬州经济发展和汉人剃发的影响，以理发为业的人也有所增加，据王资鑫的《扬州三把刀》记载：位于丁家湾东首"昆明理发店"于光绪十七年（1891年）开业，其后，便是开业于1911年，由剃头名匠周龄童率三个儿子在湾子街开设的"顶鑫剃头店"，1926年该店迁至繁华的新胜街，更名为"紫罗兰理发店"。可见，清代扬州的理发店已经较为普遍。与此同时，理发店的业务项目不再是单一的剃头刮脸，还增加了推拿按摩、针刺急救、掏挖耳垢、点捻眼角等项目。[1]理发业的发展也促进了剪刀、梳篦、铜镜、化妆品、首饰等制作业的发展。

扬州沐浴业历史悠久，有文字可考的扬州公共浴室和擦背史，至少已有900多年了。[2]至于清代，沐浴业发展更加迅猛，一时间，浴室林立，公共浴室达到10余家，著名的有：小蓬莱、白玉池、白

---

[1] 陈肖静：《扬州文化与旅游研究》，合肥工业大学出版社，2007年9月，第174页。
[2] 扬州三把刀编委会：《扬州修脚刀》，江苏科学技术出版社，2003年，第10页。

沙泉、小山园、清缨泉、广陵涛等。《扬州画舫录》卷一中有相关印证：

> 开明桥之小蓬莱，太平桥之白玉池，缺口门之螺蛳结顶，徐宁门之陶堂，广储门之白沙泉，埂子上之小山园，北河下之清缨泉，东关之广陵涛，各极其盛。而城外则坛巷之顾堂，北门街之新丰泉最著。并以白石为池，方丈余，间为大小数格，其大者近镬水热，为大池，次者为中池，小而水不甚热者为娃娃池。贮衣之柜，环而列于厅事者为座箱，在两旁者为站箱。内通小室，谓之暖房。茶香酒碧之余，侍者折枝按摩，备极豪侈。男子亲迎前一夕入浴，动费数十金。除夕浴谓之"洗邋遢"，端午谓之"百草水"[1]。

而每年除夕前，无论贫富人家均需去澡堂洗澡，以迎新年，谓之"洗邋遢"。这些浴室，就是民众俗称的"混堂"。林苏门《邗江三百吟》曾专写扬州《混堂》，前有两引：

> 澡身之地名曰"混堂"，城内外数以百计。凡堂外有立厢、有坐厢、有凉地、有暖房、有茶汤处、有剃头修脚处；堂内之池取乎洁，用白矾石界为三、四，池之水温凉各池不同。

上面所述扬州"混堂"的服务项目趋于细化，已具备近代澡堂的大部分体质，如堂口坐立之分，池下的暖凉之别，另外还有一些附加的服务项目有喝茶、饮汤、美发、修脚等。扬州沐浴业品质精、地位高、名声大，以致康熙皇帝南巡扬州时，也把"汤沐"[2]与饮食、园林、戏曲一起做贡事。

扬州是一座应运而生、应运而兴、应运而盛的城市。两

---

[1] 李斗：《扬州画舫录》卷1。
[2] 孔尚任曾在一首诗中写道："闻道行宫修禊事，却因汤沐片时留。"

千五百年前古邗沟的第一锹土成为扬州城市历史发展的最初源头,在此后漫长的岁月里,扬州城的兴衰与运河的兴衰密切相关;扬州城在历史上的几度繁盛,也成就了大运河历史的华章。

第二章
水廊帆樯,从邗水到运河

中国的水利专家对大运河有个形象的比喻：大运河就像一只网球拍。北方运河是这只网球拍的拍柄部分，南方运河则是拍头部分。因为北方运河是相对单一的河道，而南方运河则形态复杂得多，它不是一条单纯而清晰的河道，而是一个复杂的水网。大运河扬州段，正是这种复杂水网的典型代表。

在大运河扬州段遗产区，自北至南，白马湖、宝应湖、高邮湖、邵伯湖等一系列天然湖泊连缀在一起。早期的大运河，正是充分利用了天然湖泊水域，通过人工挖掘，将天然湖泊连缀成一条畅通的水路。作为帝国漕粮运输的重要水上通道，大运河扬州段河道的渠化得以不断完善。今天，大运河扬州段形成了河湖并行的独特景观。

大运河进入扬州段，就到了中国著名的荷藕之乡——宝应。这里有大片的湖泊和湿地，是中国荷藕的主要产区。夏日，宝应湖万亩荷塘绿伞亭亭、荷花盛开，是大运河沿岸绝美的风景区。大运河河堤两侧，是连绵葱郁的护堤林。宝应大运河东堤为明代修筑，西堤是在1958年以后形成，西堤以西连缀着白马湖和宝应湖。

宝应明清运河故道位于宝应老城区西侧，大体为南北走向。虽已不通航，但河床及河堤仍清晰可见。河床目前大部分为农田，并植有树木，部分建有房屋。古堤保存较好。

宝应大运河东堤的西边，氾水附近的河段由明万历宏济河演变而来。氾水镇西岸的氾光湖，昔日是风涛最险之处，明代称此地为湖漕"第一患"。

宝应县老城区的市河是隋唐时期宋泾河遗存，河水从南门跃龙关注入，环绕全城，宋泾河格局及与城市关系至今仍保存完好。

宝应县向南是宝应县与高邮市交界处的子婴闸。高邮大运河的西堤有明代康济河遗址，东堤从界首至高邮城区段是1956年新筑而成。子婴闸向南的清水潭，是历史上著名的险工段。明末清初，连年决口，里下河累遭灭顶之灾。康熙初年，高邮的清水潭依然屡屡决口使里下河地区频遭水灾。康熙十七年（1678年），河道总督靳辅在清水潭采用避深就浅的办法，绕开原来的河线，重开一条河道，改筑东西堤与旧河相连接，使这部分河线形成了一个大弯道。因位于马棚，所以这段河湾被称为马棚湾。康熙四十年（1701年），治水的河官铸造铁犀，放置于马棚湾，用作镇水神兽。在大运河扬州段的各险工段，大多安置着各种神兽用于镇水庇佑，民间称为"九牛二虎一只鸡"，这是传统农耕时代，大运河沿线人们对于洪水天灾的民间图腾崇拜，这也与中国阴阳五行等文化传统有某种关联。

清水潭向南十公里左右，是高邮市城区。公元前223年，秦王嬴政在境内筑高台，置邮亭，故名高邮。明代洪武八年（1375年）始建的盂城驿，位于高邮南门大街历史地段范围内，是目前大运河沿线保存较好、规模较大的古代驿站遗存。高邮南门大街现存肌理清晰的街巷体系及业态丰富的老字号，又有水陆并行的对外交通，汇聚了运河市镇典型的街巷空间要素。走在这些老街巷中，你无法揣度，自己的脚印是否与宋代文学家秦观、清代训诂学大师王念孙王引之父子或是当代著名作家汪曾祺等高邮名人曾经的脚印相叠合。

镇国寺塔，位于高邮城西大运河河心岛上，是一座建于唐代

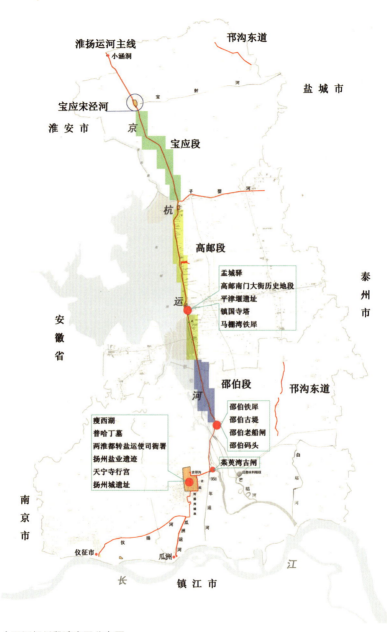

大运河扬州段遗产区分布图

的佛塔，在1958年大运河整治时，这座千年古塔得到了妥善保护，今天，它已经成为大运河上的一个航行标志。

大运河南流至江都区邵伯镇露筋村（古驿站名，因这里曾有露筋祠而得名）。这里"露筋娘娘"的传说历史悠久，传说是关于一个女子至死不失贞节的故事。随着时间的推移，这位贞女逐渐演变为大运河上船民的保护神。

露筋村向南是邵伯大运河。邵伯大运河西堤为1958年以后筑成，西堤以西是邵伯湖；大运河东堤为明代所建。

露筋村向南三公里是千年古镇邵伯。东晋时，谢安在此治水有功，后人将其比作周初的召公（古字"召"同"邵"），称之为召伯。邵伯镇由此得名。

邵伯明清大运河故道位于邵伯镇西，北至邵伯节制闸，南至南塘，虽然已不通航，但河道整体走向、河岸护堤及码头仍然得以保留。

在邵伯节制闸上游的"斗野亭"公园内，也保存着一只镇水铁犀，铁犀所在的"斗野亭"处于大运河扬州段与古邗沟的交汇处。历史上，这里的运河经常泛滥成灾。

邵伯镇向南，河道逐渐复杂，自湾头向南，排布着运盐河、金湾河、太平河等多条淮河入江水道。这些水道向东南与江都抽水机站、1958年新开的大运河河道相接。河道向西南与扬州城区段大运河相连。

自明末分黄导淮，淮河水经湾头向南排入长江，所以湾头有淮河入江"第一门户"之称，明代湾头古闸遗址至今尚存。

大运河于扬州穿境入江，这座有着2500年历史的城市，在漫长的中国古代社会，不仅在漕运方面发挥着举足轻重的作用，而且在中外经济文化交流方面也有过突出的贡献。

扬州城池的变迁、城市水系的变化，均与历代大运河有着密切的联系。唐代扬州因其特殊的地理位置，不仅成为中国东南沿海最重要的大都市，在世界经济版图上也有着重要位置。

清代扬州呈现出由大运河盐运为主体的盐业经济特征，瘦西湖、扬州盐业历史遗迹、天宁寺（及重宁寺）等，均是这种经济格局留下的实物见证。

普哈丁墓园，是外来宗教随大运河流布到扬州，并与本土文化结合形成扬州多元文化的物证。

大运河穿过扬州市区至高旻寺，出现一个三叉形的河口，至此，大运河一路往南，至瓜洲长江口汇入长江，这段长12公里的运河就是瓜洲运河。它处于大运河扬州段的南端，始于唐代开元二十六年（738年）开凿的伊娄河，具有1270多年的历史。

高旻寺往西至泗源沟节制闸外长江口，这段长20多公里的河道，是开凿于东晋永和年间（345—356年）的仪扬运河，在很长的一段时间内，它是沟通大运河与长江的唯一入江口。这段河道历代均为官河，常浚常修，至今仍保持完好。

大运河扬州段，牵涉到运河、白马湖、宝应湖、高邮湖、邵伯湖、长江、淮河等多重水系，历代中国人合理地利用和顺应自然地理，通过一系列科学技术的运用，有效调动了航运、防洪、灌溉、排涝、南水北调等多重功能，大运河扬州段见证了古代中国人在水利建设方面将自然和人工改造相结合的伟大成就和创造精神。

第一节　河道　时间与空间的延展

大运河扬州段北起北纬 33°20′57″东经 119°13′41″，在大运河淮安段与扬州市宝应县交界处，南至长江边瓜洲镇入江口，全长 156 公里，连接了宝应湖、高邮湖、邵伯湖和白马湖等四个湖泊和宝射河、大潼河、北澄子河、通扬运河、新通扬运河、仪扬运河等主要河流。

根据所属区域，大运河扬州段宝应县区域、高邮市区域和江都区邵伯镇区域从宝应县的小涵洞至湾头，现在仍然是主要的运输性河道。该河道经过历年的拓宽和整治，已经达到二级航道的水平。河底高程 2.25—3.5 米，底宽 70 米，口宽 70—90 米，可通行 2000 吨级别的船只。目前主要功能是运输沙石、煤炭等物资。

扬州城区段运河和瓜洲运河现在已经不再承担大量航运任务，成为城市景观河道。扬州城区段运河从黄金坝向南再向西绕扬州城东南，过文峰塔湾，至龙衣庵，再向南至三汊河口。河底高程 2.25—3.5 米，底宽 40 米，口宽 40—120 米，可通行 100 吨级别的船只，属六级航道。河道较好地保存了原来的走向和规模。扬州城区东关古渡已开发为水上游览区，两岸建有滨水绿化带。

今瓜洲运河北起高旻寺，南至瓜洲长江运口，长 12 公里，河底宽 40 米，河口宽 40—120 米。

大运河扬州段是连接长江和淮河两大自然水系的人工河道，

是大运河最重要的组成部分之一。它不仅是江南漕粮北上的主要通道，也是中国历史上南北交通的主动脉。大运河扬州段由于历代扬州城池的变迁、城市水系的变化，已形成了丰富复杂的大运河水域或水系。众多的支线，与主航道一起构成了遍布淮扬地区的水道网络。便利的水路交通带动了大运河扬州段的城镇发展，催生了众多的运河城市与运河村镇。

从科学技术角度来说，大运河扬州段在处理河湖关系、河江关系、河淮关系、河海关系的工程措施中，反映出古代中国人在水利建设方面将自然和人工相结合的伟大成就。

历史文献中对于大运河扬州段的记载很多，除了扬州本地的地方志以外，在明清时期设立了专门的漕运机构和河道机构之后，运河的所有修缮工程都在相关文献中有详细记载。

大运河扬州段反映了春秋以来历代作用的成果，在漫长的中国古代社会里，大运河扬州段不仅在漕运方面发挥着举足轻重的作用，在中外经济文化交流方面也有突出贡献。

唐代扬州坐拥运河长江交汇的优势，成为全国南北水运交通枢纽、海上丝绸之路的重要港口。扬州作为帝国漕运的中心城市之一，源源不断地向北方政治中心运输江南丰饶的物资，维系着封建国家的统一。因为在漕运中的重要地位，扬州在唐代步入鼎盛时期。

清代，因大运河的地理交通格局，扬州成为全国最大的盐业经销中心，盐业经济的作用把扬州推上了新的繁华顶点，扬州的城市发展呈现出以盐业经济为主导的特征，盐业经济链和帝王南巡催生出一个商贸繁盛、移民云集、文化发达的城市。

大运河孕育了扬州的多元文化，扬州依靠运河母亲赋予的区位优势和巨大能量，集南北文化于一城，融世界东西方文明于一体，持续不断地创造、发展自己独特的城市文化，传承、丰富自己的文化内涵。

历史沿革

大运河扬州段北起淮安与扬州交界处，南至长江边瓜洲镇。它由邗沟演变而来，历史悠久，受沿途湖泊风浪以及河道淤积等影响，迂曲的河线经历后人在开发利用之中的不断改造修缮，最终趋于直线。河道的变迁经历了几个鲜明的历史阶段。

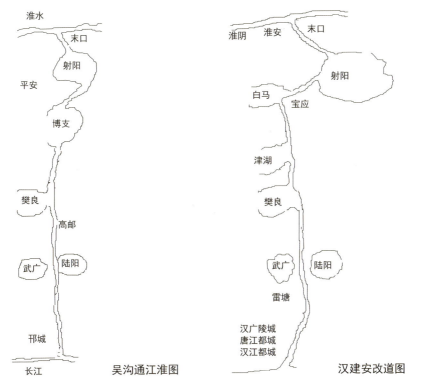

吴沟通江淮图　　汉建安改道图

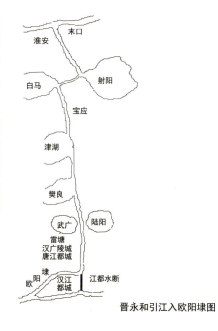

晋永和引江入欧阳埭图

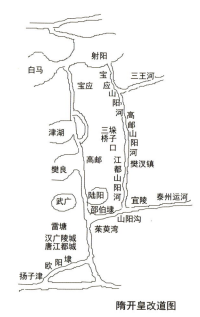

隋开皇改道图

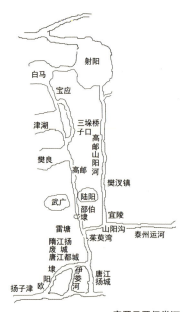

唐开元开伊娄河

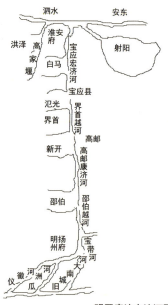

明开康济宏济河图

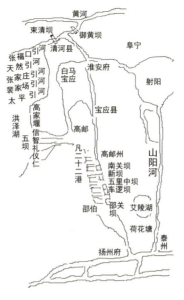

清运河图

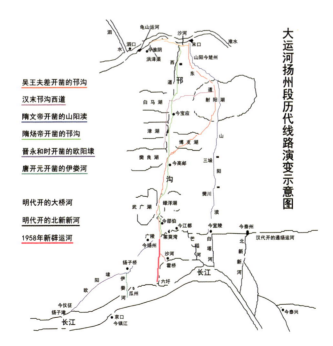

大运河扬州段历代线路演变示意图

初创时期：春秋——东晋
运河开凿之初，利用湖泊连接众多河道

大运河扬州段最早起源于吴王夫差在公元前486年所开的邗沟。西晋时期著名的政治家、学者杜预在《春秋·左传注》中对河线作了描述："于邗筑城穿沟，东北通射阳湖，西北至末口入淮，通粮道也。"北魏著名地理学家郦道元在他的地理名著《水经注》中对河线做出了详细的说明：在邗沟开挖的时候，其路线是从邗城下挖沟，引江水经茱萸湾北上，在武广湖（今邵伯湖）和陆阳湖（今绿洋湖，位于江都区和高邮市交界处）之间，向下注入樊良湖（今高邮湖），折而东北注入博芝（又称博支湖，今广洋湖）、射阳二湖，从射阳湖西北处的夹耶（今宝应）至末口（今淮安）入淮河。

邗沟既是人工河道，又并非全部人工河道，其中一部分最初是利用原有湖泊连接而成，因此，河线多弯曲，特别是出樊良湖之后经过博芝湖至射阳湖再至末口，有一个很大的水湾。

汉代射阳湖风涛巨大，河线首次西移趋直

汉建安以前，邗沟出博芝、射阳湖，并利用射阳湖的水源，向东绕了一个大弯，经夹耶至淮河，当"更凿马濑，百里渡湖"，把樊良湖与津湖连接起来，使邗沟出津湖、达白马湖。

汉建安二年（197年），广陵太守陈登因射阳湖风涛大，损坏船只，将河线向西移动，不再经过博芝湖，而是由樊良湖北口穿过白马湖，再转向射阳湖入淮。因此原来的河线被称为东道，改变后的被称为西道。南朝宋诗人谢灵运《西征赋》曰："发津潭而迥迈，逗白马以憩舲，贯射阳而望邗沟，济通淮而薄涌城"，诗中所描述的就是大运河西道。

晋代河线三次大变迁

第一次变迁——东晋永和邗沟江都水断，河线首次西延仪征

据《扬州水道记》载："晋穆帝永和以前，邗沟水由江都故城首受江。《水经注》云：'县城临江。应劭《地理风俗记》曰，县为一都之会，故曰江都也。县有江水祠，俗谓之伍相庙也，子胥但配食耳，岁三祭，与五岳同。旧江水道也。'"[1]。

但到了东晋永和时，由于长江岸线南移，邗沟水源枯竭，邗沟口门淤断，迫使开挖欧阳埭蓄水，并将邗沟南段的入江口门西延至今仪征市。《水经注》："自永和中（345年—355年），江都水断，其水上承欧阳埭，引江入埭，六十里（30公里）至广陵城。"[2]

"江都故城首受江"，至此，河线向西延伸至今仪征市，即今仪扬运河——《水经注》称之为"旧江水道"。这一变化，《扬州水道记》记载，"此邗沟引欧阳埭江水入运之始"（即今仪征运河），《方舆纪要》："仪征有欧阳戍，在县东北十里（5公里）"[3]，此后由江达河都是通过仪扬运河。这次邗沟西延非同寻常，为挽救淤塞的邗沟做出了重要的贡献。

第二次变迁——东晋永和中湖道多风

还是在东晋永和期间（345—356年），《水经注》："永和中，患湖道多风，陈敏（即陈登）因穿樊梁湖（今高邮湖）北口，下注津湖（今界首湖，后均统入高邮湖）迳渡。渡十二里（6公里）

---

[1] 刘文淇：《扬州水道记》，广陵书社，2011年3月，卷1，第6页。
[2] 刘文淇：《扬州水道记》，广陵书社，2011年3月，卷1，第6页。
[3] 刘文淇：《扬州水道记》，广陵书社，2011年3月，卷1，第6页。

方达北口直至夹耶"[1]。《宝应图经》称此为永和沟，即今天的大汕子河（现已融入宝应湖）。

第三次变迁——东晋哀帝兴宁中津湖多风

第三次变迁，在哀帝兴宁中（363—365年），《水经注》："兴宁中，复以津湖多风，又自湖之南口，沿东岸二十里（10公里）穿渠入北口，自后行者不复由湖。"[2]因此，沿津湖东岸在湖畔开河二十里（10公里），再转入津湖北口。自此后，河线改道于津湖之东，行船绕开津湖。《宝应图经》称所开之河名为兴宁渠，即沿今老三阳河北上至射阳湖，又将邗沟改为东道。

从春秋时期首次开挖之后，经过几次改线，到东晋时期邗沟形成了相对固定的线路。其历史作用从最初的军事输送，逐渐发展为南北人流和物流往来的主要通道，此举为隋代建立贯通全国的大运河打下了基础。

发展时期：隋——元

隋文帝出于军事目的将邗沟河线东移

《隋书·文帝纪》记载，隋文帝出于军事目的，"开皇七年（587年）夏四月，于扬州开三阳渎，以通运"。[3]三阳渎河线的走向，从今湾头镇起，利用运盐河（即今通扬运河）向东至今天江都的宜陵，由宜陵转向北，经过樊汊（今江都区樊川镇），入高邮、宝应三阳河，达射阳湖至淮安末口入淮河。经过这一开凿，与原来邗沟的河线相比有较大变化。

---

[1] 郦道元：《水经注》，卷6。
[2] 郦道元：《水经注》，卷6。
[3] 刘文淇：《扬州水道记》，广陵书社，2011年3月，卷1，第8页。

隋炀帝"以幸江都",邗沟河线又回到故道

据《资治通鉴》记载:"隋炀帝于大业元年(605年),自大梁之东,引汴水入泗,达于淮。"[1]明代学者李谦的《汴京遗迹志》中证实,隋炀帝开凿汴河为的就是"以幸江都"(今扬州)。所以炀帝大业元年,"又发淮民十余万,开邗沟,自山阳至扬子入江。渠广四十步(约70米),渠旁皆筑御道,树以柳"。此邗沟由江都茱萸湾入高邮樊汊,以达于淮之始。[2]

隋炀帝开凿运河,"以幸江都"或许是目的之一,然而,为保障都城的粮食和物资供应,再次整治邗沟以形成沟通江南与都城的水路通道也是国家整治的大事,但他放弃了山阳渎,而是沿东汉时期的邗沟西道进行重新疏通和拓宽,并对许多湾道进行了取直,使邗沟整体变宽。从此邗沟的河道变得平直顺畅,这在某种程度上也是对原邗沟的一次疏浚,使邗沟的通航能力大为提高,承担起了漕运的主要职能。但是这一时期大运河从湾头到宝应仍然是以连接自然湖泊为主,因此也被称作"湖漕",这种情况直到明代才有所改变。

唐开元时为避漕船江上漂损,开挖伊娄河

从隋到宋变化较大的是大运河扬州城区段和瓜洲运河段。大运河主线的入江口在隋代已经再次南延,并很可能已经有两处:一处由仪征欧阳埭入江,一处由扬州城南的扬子桥附近入江,称扬子津。由扬子津入江的这段运河就是瓜洲运河的前身。这两处入江口各有分工,长江上游来船从仪征入江口进出,江南运河来船则从扬子津入江口进出。

---

[1] 司马光:《资治通鉴》,卷180。
[2] 刘文淇:《扬州水道记》,广陵书社,2011年3月,卷1,第8页。

到唐代以后，在长江江心淤积出的瓜洲，横亘在扬子津入江口前，致使漕船不得不绕行瓜洲，在长江风浪中损失严重。据《旧唐书·齐浣传》记载："开元二十五年，迁润州刺史，充江南东道采访处置使。润州北界隔吴（吴，指扬州。后周改南兖州为吴州，隋改吴州为扬州）。江至瓜步沙（瓜洲）尾，纡汇六十里（30公里），船绕瓜步，多为风涛之所漂损。浣乃移其漕路于京口（今镇江）塘下，直渡江二十里（10公里）。"[1] 开元二十六年（738年）冬，润州刺史齐浣主持开凿了贯通瓜洲的伊娄河，使江南漕船渡江的距离从30公里缩短到10公里，安全性大大提高。大运河入江口也因此再次向南推移至瓜洲渡口。伊娄河开挖以后，邗沟南端又多了一个由江达淮的新入江口门，它发挥了重要作用，以后苏、松、常、镇、嘉、湖等郡的漕船由瓜洲口入运河，不仅避免了船只在江上的漂损之灾，又缩短了航程。伊娄河就是今天的瓜洲运河。唐代著名诗人李白曾盛赞："齐公凿新河，万古流不绝。丰功利生人，天地同朽灭。"[2]

此后，大运河所带来的交通优势，极大促进了扬州的城市经济发展，特别是扬州城区段运河的两侧，在当时已经形成了繁华的市区。现在扬州市区的汶河路，在唐代就是穿城而过的大运河主线，当时称为官河。由于两岸商业发达，官河上桥梁众多，二十四桥也在此诞生。

---

[1] 刘文淇：《扬州水道记》，广陵书社，2011年3月，卷1，第12页。
[2] 李白著《瓜洲新河饯族叔舍人贲》："齐公凿新河，万古流不绝。丰功利生人，天地同朽灭。两树对双阁，芳树有行列。爱此如甘棠，谁云敢攀折？吴关倚此固，天险自兹设。海水落斗门，湖平见沙汭。"

唐宝历时因水源不足，开七里港河

然而，城市商业的发达也给运河带来不利的影响，并逐渐降低运河的通航能力。宝历二年（826年），盐铁使王播为提高运河的通航能力，主持修建七里港河。该河自城南七里港引江水进入运河，并改变了扬州城内运河的走向，提高了运河的通航能力。这次运河改造的具体线路，文献《旧唐书·王播传》的记载并不详细，"自城南阊门西七里港开河，东向屈曲，取禅智寺桥，通旧官河，开凿稍深，舟航易济，所开长一十九里（9.5公里）"[1]，但是根据长度推测，这次改造仍然是利用了城内官河的河道。

宋雍熙时开沙河

据清代嘉庆年间《扬州府志·河渠六》中记载，宋雍熙时乔惟岳在扬州也开河一道，这道河从今天扬州市解放桥北侧运河边至今扬州市邗江区的霍桥，名为沙河（1959年开挖六圩入江口后被隔断），这为邗沟又多了一个进出长江的口门。

宋天禧时为均水势，开扬州城南运河

《宋史·河渠志》中记载，北宋真宗天禧二年（1018年），"江淮发运使贾宗提议：'诸路岁漕，自真、扬入淮、汴，历堰者五（指龙舟、新兴、茱萸、邵伯、北神堰），粮载烦于剥卸，民力罢于牵挽，官私船舰由此速坏。今议开扬州古河，绕城南，接运渠，毁龙舟、新兴、茱萸三堰，凿近堰漕路，以均水势，岁省官费十数万，功利甚厚。'明年，役既成，而水注新河，与二堰平，漕路无阻，公私大便。"[2]

[1] 刘文淇：《扬州水道记》广陵书社，2011年3月，卷1，第12页。
[2] 李白著《瓜洲新河饯族叔舍人贲》："齐公凿新河，万古流不绝。丰功利生人，天地同朽灭。两桥对双阁，芳树有行列。爱此如甘棠，谁云敢攀折？吴关倚此固，天险自兹设。海水落斗门，湖平见沙汭。"

发运使贾宗整理河道，拆毁龙舟、新兴、茱萸三堰，开扬州运河，其线路绕城南接运渠。这是扬州城南有运河的开始，自此以后，运河主线避开了城市内部，由南门外向东再转向北，绕城而过至黄金坝与运河主线相接，这也是现扬州城区段运河（今天称古运河）最早的起始。

元代开珠金沙河

《元史·泰帝本纪》中记载，泰定元年（1324年），真州（即今仪征）疏浚珠金沙河（明景泰五年易名新坝河）。这样，仪扬河多了一条从新城通往长江的入江口门。其河位置在卧虎闸至旧江口之间，即今仪征翻水站的上游引河。

定型时期：明——清

明代湖漕渠化，河线定型

明代初年，运道全部在白马湖、宝应湖、高邮湖、邵伯湖中行走，这称为湖漕。船只航行在湖中，因湖上风急浪高，常遭覆没的危险。

明洪武二十八年（1395年），为了船只航行安全，朝廷采用柏丛桂的建议，首次尝试河湖分开，发动民夫5.6万人，开直渠，筑堤20公里，堤防位于湖东，渠仍在湖内，但不久便废弃了。

明永乐十三年（1415年），陈瑄开凿清江浦河，改变了邗沟与淮河的连接方式，船只由白马湖直达淮安，扬州运道从此不再经过射阳湖达淮。

为进一步避免湖面风浪对漕运的影响，宣德七年（1432年），陈瑄在老堤之西，傍湖为渠，此为高邮新开傍湖有渠之始，但不久即废。

弘治三年（1490年）：为避高邮新开湖、甓社湖风涛之险，开始逐步在湖中筑堤，分段修建月河。在湖东自高邮州北三里杭家嘴至张家沟，两岸筑堤，开新河实施河湖分开，此名为康济河。

自万历元年开始淮水暴涨，淮河、黄河水位年年上涨，万历之年（1575年），高邮清水潭决口，冲毁老西堤，河、湖汇成一体，西堤不复存在。

万历五年（1577年）：傍老堤重开康济河，使运道脱离了高邮湖。

万历七年（1579年）：河臣潘季驯堵塞白马湖决口，又在湖东筑堤，于是白马湖旁有月河三四里，使运道脱离了白马湖。

万历十三年（1585年）：宝应弘济河开挖以后，运道不再走氾光湖（即宝应湖）。

万历十六年（1588年）：河臣潘季驯加筑宝应月河，自黄浦至三官庙前筑土堤一道，长10公里，以束漕水，防止水多旁溃入湖。

万历二十五年（1597年）四月：江都（今扬州）运河南门二里桥一带因蓄水困难，造成水流直泻，影响盐船和漕船的安全行驶。巡盐御史杨光训令扬州知府郭光复进行整治，将原本平直的河道改为曲折式的河道。从二里桥河口起，向西165丈（约520米），再折向南410丈（约1310米），又折回东165丈（约520米），总计约六七里（约3.5公里），从姚家沟汇入大运河扬州城区段。这段河道当时被称为新河或宝带河，现在多称之为"运河三湾"。

万历二十六年（1598年）：被筑成东西大堤，并于月河两头建闸，把各段月河连接起来，初步实现了河湖分开，并最终奠定了明清时期大运河扬州段的主线。

万历二十八年（1600年）：开挑邵伯、界首月河，使运道离开邵伯湖、界首湖。

宝应月河、康济河、宏济河、邵伯月河、界首月河相继开成，连成了一条长河，宝应至邵伯之间实现了河湖分开，使漕船不再由湖泊中行走，从此结束了湖漕时代，并将运河河线基本固定下来，奠定了以后运河的路线。因此，自明代开始，运河与沿线自然湖泊逐渐分开，真正形成了独立的水运渠道。

清代康熙年间修改河道

康熙初年，高邮险工段清水潭屡屡决口，不仅漕船受阻，还使得里下河地区频遭水灾。

康熙十七年（1678年），河道总督靳辅在清水潭采取避深就浅的方式绕开原来的河线，重新开河一道，改筑东西堤与旧河相连接，使得这部分河线形成了一个大型缓冲河湾，因为在马棚的位置，所以称为马棚湾。

康熙五十四年（1715年）长江江流北移，瓜洲开始时断时续地坍江。到光绪二十一年（1895年），位于长江北岸的瓜洲城在江流作用下全部坍入江中，今天的瓜洲，只是唐代瓜洲的北关而已，今天的瓜洲运河也比唐代缩短了10公里左右。

转型时期：清末——民国

咸丰五年（1855年），黄河自河南兰封（今兰考）铜瓦厢决口北徙，夺山东大清河入海。从此，黄河不再行经安徽和江苏，与运河改在山东交叉，这就打乱了大运河扬州段的总格局，使大量工程失效。随着海运的强化和铁路的兴建，大运河扬州段作为国家南北交通干线的作用逐渐减小，由全线通航转变为局部分段通航，有的区段已断航。由于淮水不能恢复故道，大运河扬州段由三河闸直入长江。至此运河北段水源几乎断绝，南段可以作地区性航运。

民国时期，大运河扬州段的治理被纳入导淮的统一计划中。1933年完成的张福河初步疏浚工程自洪泽湖口高良涧起，至运河口马头镇止，全长31公里，解决了大运河扬州段的给水问题，使航运和运东各县受益。1934—1935年，建成了邵伯船闸，所有运河西堤通湖缺口一律堵塞，各涵闸一律重新维修，大运河扬州段的通航条件得到了改善。

1933年，导淮委员会、华北水利委员会、黄河水利委员会、扬子江水道整理委员会征得河北、山东、江苏、浙江四省的同意，于南京召开整理运河讨论会，聘请汪胡桢为总工程师，着手制定《整理运河工程计划》。1935年公布的这项计划内容包括：①计划要旨：各段运河除苏杭段地势较低，用疏浚方法整治外，其他都采用闸坝节制蓄水量，中间部分为渠化河流，大部分则为纯粹运河。②运河标准剖面：淮江段另有规定，其北底宽16米，深3米，通行300吨船只；江南运河底宽20米，深3米，通行900吨船只。③除已建邵伯、淮阴、刘老涧3座船闸外，还要建船闸18座。④各段运河都根据各自条件进行扩建和改建。⑤大运河总长1700公里，开挖土方共7443万平方米。这个工程计划是首次用新式工程技术全面治理运河的开始，但因抗日战争爆发而未及施行。

中华人民共和国成立后的运河

1950年代，政府开始组织运河的恢复和扩建工作，维修沿岸大堤，堵闭旧海堤，整顿和改建沿河闸坝，1958年开始对运河全线进行大规模的整治和建设,从瓦窑铺(湾头北)到六圩,共开辟了19.6公里的新航道,从此大运河扬州段由六圩入江,扬州城区段运河和瓜洲运河不再作为大运河航运主河道,今日扬州运河的现状就此奠定。

1959年拓宽后的大运河扬州段航道底宽为30—45米,水深2.5—3米,弯曲半径600—800米。该段运河原来仅能通航100吨级以下船舶,整治后提高到可通航500吨级船舶,货运量由1957年的92万吨增至1979年的1700万吨。在发展航运的同时,还提高了沿河地区的防洪能力,扩大了排涝和灌溉面积,收到了航运、灌溉、防洪、排涝等多方面的经济与社会效益。

1980年以后,对大运河扬州段又开展了大规模的续建工程。在此期间,扬州段建设了邵伯和施桥复线船闸,并对全河道进行拓挖,底宽50—70米,水深3.2—4米,弯曲半径800米,达到二级航道标准,可通航2000吨级船舶。同时新建、扩建抽引长江水补水站8座,以确保运河航运用水。续建工程竣工后,不仅增强了南水北调的输水能力,而且大大提高了货物通过量。在复线船闸未建前的1983年,货物通过量是1037.79万吨,建成后的1988年货物通过量达到1799.14万吨,增加近80%。

大运河扬州段既是北煤南运大通道、南水北调大动脉,又是集防洪、灌溉、排涝、旅游为一体的综合性河道。经过对汪家窑河道的治理和"三改二"(三级航道改二级航道)工程,以及邵伯、施桥三线船闸,不仅改善了航运、行洪、送水的条件,而且工程建设与生态环境的建设融为一体,沿线人民生活条件得到了改善。

2008年,邵伯船闸货物通过量比1949年翻了近200倍。在农业方面，里下河地区是江苏省的粮仓，近几十年来，洪涝灾害及旱灾虽时有发生，但里下河地区的农业经济仍保持稳定发展，展现了大运河强大的抗旱排涝功能。1966年大旱，淮河断流146天，洪泽湖干涸，江都引江抽水站通过大运河向苏北各地送水37.7亿立方米。1978年大旱，江都引江抽水机站抽引江水111亿立方米，仅扬州里下河地区就增产粮食10亿公斤。1988年大旱，引江抽水站通过苏北运河及时抽引江水北送徐州、连云港，缓解了这些地区的旱情。如今，大运河扬州段不仅是运输大宗物资南煤北运的黄金水道，也是东线南水北调送水至山东、河北、天津等地的大动脉，并以清水走廊的新形象，成为南水北调工程的重要组成部分。

扬州市区段的大运河与瓜洲运河逐步成为城市景观河道。1970年建瓜洲节制闸，1972年建扬州闸后，大运河扬州城区段即作为地区性河流不再承担淮河分洪任务，成为城市景观河道。随着城市工业的发展，扬州城区段运河两侧逐渐出现许多工业建筑。大运河西岸为扬州码头区，有电厂、钢厂、客货、木船、煤炭等5处码头。两岸仓库林立，没有任何空地。2000年以后，随着人们对大运河遗产的重视程度不断提高，政府对大运河开发进行了多次调研和规划，在大运河两侧开展了大量的环境整治工作。

1998年至2004年，扬州陆续对城区段大运河进行大规模综合整治，搬迁了沿线的化工类企业，截断了流入大运河的污水。在大运河两岸建了绿化风光带，配以亭台楼阁，弱化了大运河扬州城区段的货运功能，增强了城市"绿肺"以及文化、旅游等功能，使之成为城市景观的重要区域。

2500年来，大运河扬州段饱经历史沧桑。历代运河建设者、管理者，历经艰辛，将一条极为普通的弯曲、浅狭、断断续续的人工河道改造成为具有防洪、灌溉、排涝、航运、跨流域调水、生态、旅游等多种功能的梯形河道，显示出人类伟大的创造精神。

价值与功能

大运河扬州段，在一段时期内或世界某一文化区域内，对建筑、技术、古迹艺术、城镇规划或景观设计的发展产生过重大影响。

作为古代中国最主要的南北交通干道，大运河扬州段与长江和海运路线形成交汇关系，成为沟通江海的交通枢纽。

大运河扬州段作为漕、盐运通道及交通干道的价值

（1）漕运及漕粮转输重地。大运河扬州段是漕运的重要通道，长江流域及南方漕粮都必须经过扬州北上，瓜洲港、仪征港和白塔河口成为漕粮过江入运的关键转运地，并形成一定分工，保证了漕粮的顺利运输。

（2）盐的流通要道与集散中心。隋唐与明清时期大运河扬州段也在国家专卖商品盐的流通中起到重要作用，成为当时国家经济的命脉。位于大运河与长江交汇处的扬州及后来的仪征作为盐的转运集散中心，在盐业运销中有着重要的地位。

（3）交通枢纽。通江达淮的大运河扬州段是水运时代沟通中国南北的交通枢纽。国家统一时，它与东西向水系共同形成遍布全国的交通网络；明清时政府利用大运河堤作为驿道，大运河边水陆驿站并举，保障了国家通讯体系的有效运作。国家分裂或战争时期，大运河扬州段也仍然是地区间粮食物资及军队运输的重要通道。

（4）南巡要道。大运河扬州段为历代帝王南巡的必经之路，扬州城是其中重要一站，对中华帝国的政治统一与文化认同有突出的贡献。扬州盐商在南巡的刺激下，创造出独特的扬州园林与景观。帝王南巡的行宫建设与瘦西湖独特的园林景观形成，是其财富与实力的象征。

大运河扬州段，能为传衍至今的或已消逝的文明或文化传统提供独特的见证。

大运河扬州段是人类农业时代开凿和使用运河的独特见证，并且是人类现存遗产运河中始建年代最早，规模最大，延续时间最长，影响最大的案例。

大运河扬州段见证了大运河发展的各个阶段，是大运河悠久历史的直接证据。大运河扬州段的河道遗存包含中国最早的运河邗沟，以及东晋、隋唐、明清、现代各个历史时期的重要河段。时间连绵，见证了大运河的发展。水利航运设施遗存有闸、坝、堤、码头、纤石、船坞等，类型丰富，见证了大运河开凿与技术发展的各个重要阶段与大运河动态的变迁过程。

大运河扬州段自最初开凿至今，河道与水利工程的建设随着自然地理环境的变化、技术的发展以及社会的变迁而不断发生着相应的变化，但其核心的航运功能、水利灌溉及防洪功能始终得以延续。大运河扬州段作为仍然在用的大型运河，在现代生活中依然发挥着重要作用，关系国计民生，是南水北调以及电煤运输的主要通道。

大运河扬州段所带来的社会经济与文化影响

（1）经济廊道。大运河扬州段与东西向水系，将全国几大经济区域联系在一起，尤其在明清帝国时期，在促进地方财富的聚集和推动区域经济商品化的过程中发挥了重要作用。大量的产业遗存（包括手工业、商业等）成为大运河扬州段沿线经济繁荣的见证。

（2）促进沿线城镇繁荣，制约沿线城镇形态，并创造出独特的运河文化与生活。在人与物频繁往来的运河沿线，商品集散的需求促进了大运河沿线城镇和乡村的繁荣，如宝应因河而盛、界首因驿成镇、邵伯因埭成镇、湾头因港成镇、瓜洲因渡口成镇。大运河河道的变迁也直接影响了沿河城镇形态的变迁，创造出大运河沿线聚落的独特生活方式，如邵伯沿河发展的鱼骨状街巷格局及其与大运河码头的对应关系，界首的湖泊苇荡景观及沿湖渔业村落与大运河边农业村镇间的依存关系等，均为扬州段所独有，这种文化与生活方式至今仍在大运河沿线的城镇聚落中清晰可见，成为一种活的传统。

大运河扬州段沿线的城镇沿大运河河道分布，而且城镇往往分布在大运河与东西向引河与减河的交汇口，等级分布也和与大运河相联系的水道等级对应：证明了大运河扬州段对沿线城镇繁荣的促进作用。

（3）促进地区、国家乃至国际间的文化交流。大运河扬州段与长江和海上丝绸之路的交汇，成为沟通南北的交通枢纽，各种文化、观念、习俗、信仰在此汇聚交融，并随河流的延伸而传播到广阔的地域。

大运河扬州段，是传统人类居住地、土地使用或海洋开发的杰出范例，能够表现一种（或几种）文化或者人类与环境的相互作用，当这种环境在不可逆变化的影响下处于濒危境地时格外重要。

大运河扬州段与沿线城镇的兴衰密切相关,是江南文明诞生和发展的基础。大运河扬州段支线众多,与主航道一起构成了密集的水道网络。便利的水路交通催生了众多的城市与村镇,带动了城镇发展。这些城市的形态受大运河影响明显,呈现出城与河互动发展的态势。

古邗沟故道

邗沟是扬州地区最早建成的人工水道,始建于公元前486年。现存邗沟分为扬州城区段和邗沟东道两部分。

邗沟扬州城区段在扬州城北,从螺蛳湾桥向东直达黄金坝,长1.45公里,河底高程2.4米,底宽4米,口宽40—70米,目前作为景观河道使用。这段邗沟遗址的始建年代最早可以追溯到春秋时期,是大运河系统最早期的遗迹之一。从汉代至唐代,这段

邗沟城区段

河道都是大运河的主航道，是历代漕运的主要通道。河道虽然历经整治，但都是在原始河道的基础上拓宽和修缮，因此保留了河道走向的真实性。

邗沟东道是指隋文帝时期开凿的山阳渎，目前现存射阳湖段河道和老三阳河南段一部分。射阳湖段河道从春秋时期到明代初年都是邗沟的主线河道，至今尚存20公里，有保护标志牌。这段河道一直是河湖一体，明万历"分黄导淮"以后，黄河的泥沙进入射阳湖，开始淤积。

老三阳河是隋文帝时期开凿的山阳渎的一部分，走向从宜陵向北，经樊川、高邮三垛至临泽镇临川河段。现在横沟河以南基本废弃，横沟河以北至杨明河作生产引排河道，杨明沟至樊川河床淤浅严重，亦作生产河道使用。山阳渎最初开凿时是为了运送士兵，隋文帝时期被用作大运河的主航道，隋炀帝重新开通邗沟之后，它成为辅助河道。

历史文献中对于邗沟的记载很多，最早在春秋时期的《左传》中就提到"吴城邗，沟通江淮"，东汉班固所著《汉书》云："渠水出江都，首受江，北至射阳入湖"，说的也是邗沟。北魏时期的地理学家郦道元在《水经注》中对邗沟进行了详细解说："中渎水（邗沟）自广陵北出，武广湖东，陆阳湖西，下注樊梁湖。旧道东北出，至博芝、射阳二湖，西北出夹耶，乃至山阳矣。"之后，历代扬州地方志书都集中了邗沟河线的变化，其中以清代刘宝楠的《宝应图经》和刘文淇的《扬州水道记》最为详细，前者并附有邗沟的历代变迁图。

历史沿革

公元前486年，吴王夫差开凿北上征战军事运道，在今扬州市西北的蜀冈尾闾修建邗城，引江水入淮，因名邗沟。春秋时期左丘明所著的《春秋·左传注》曾记载："哀公九年，吴城邗，沟通江淮"，这是中国最早载入史籍并有准确历史年代的运河。

据北魏郦道元在《水经注》中的描述，在公元前486年邗沟开挖的时候，其路线是从邗城下挖沟，引江水经茱萸湾北上，在武广湖（今邵伯湖）和陆阳湖（今绿洋湖）之间，下注樊良湖（今高邮湖），折而东北入博芝、射阳二湖，出湖西北经夹耶（今宝应）至末口（今淮安）入淮河。今古邗沟扬州城区段和射阳湖段都是在邗沟初创时就存在的河道。

射阳湖古称射陂。据考证，古射阳湖西起今宝应县射阳湖镇、安丰一线；北至今淮安泾口、左乡一线；东至阜宁县西喻口；南至兴化市得胜湖。《太平寰宇记》称"射阳湖长三百里，阔三十里"。从春秋时期一直到元代，无论邗沟的线路怎样改变，最终都是通过射阳湖再入淮河，射阳湖在运道上前后使用长达1900年。

隋开皇七年（587年），隋文帝开山阳渎（因北起山阳县境，故起名为山阳渎）。由茱萸湾向东（今湾头镇）至今江都市宜陵镇，转而向北经今樊川镇接高邮、宝应三阳河至射阳湖，再沿用山阳水道旧道入淮，历史上称此河线为邗沟东道。邗沟东道在修建时的主要目的是为军事服务，为隋朝攻打南朝输送军队。到隋炀帝继位以后重新疏通大运河的主航道时，就放弃了邗沟东道。此后，邗沟东道结束了作为大运河主航道的历史，改称三阳河，成为一条排洪、运盐的辅助河道。

宋天禧三年（1019年），扬州城内水道淤浅船只难行，发运使贾宗于城外绕城东南开河接古运渠，从此古邗沟扬州城区段不再作为大运河的主航道使用，逐渐淤塞。

明永乐十三年（1415年），陈瑄开凿清江浦河，改变了邗沟与淮河的连接方式，船只由白马湖直达淮安，不再经过射阳湖。古邗沟射阳湖段结束了作为大运河主航道的历史。

明万历"分黄导淮"以后，黄河的泥沙进入射阳湖，开始淤积。崇祯时，通往射阳湖的港汊小河淤塞，射阳湖几乎淤成平陆。由于泥沙淤积，加速了射阳湖的衰退过程，使之逐渐变小、变浅、解体，分化为大大小小的湖荡，射阳湖为其首。

明万历二十四年（1596年），江都知县张宁将三阳河筑坝堵塞，仅留一洞通水灌溉，一遇干旱则无水灌田，生产每受影响。

民国二十五年（1936年）以后，三阳河口逐渐淤塞，冬季断流，不能通航。

到20世纪50年代中期，因河道淤浅曲折，政府曾3次拓宽疏浚，将局部裁弯取直，引水通航得以改善。1977年新三阳河开通以后，三阳河在横沟河以南基本被废弃，横沟河以北至杨明河被用作生产引排河道，杨明河至樊川河床淤浅严重，亦被用作生产河道。[1]

1982年6月，扬州市政府将古邗沟列为市级文物保护单位。2006年，作为大运河扬州段的组成部分，古邗沟故道成为全国重点文物保护单位。

---

[1]《江都水利志·三阳河》第149页。

第二节　宝应　天阔千帆处处风

宝应明清大运河故道

宝应明清运河故道位于宝应县老城西侧，为南北走向，北起大运河淮安段与宝应交界处，南至宝应与高邮交界处的子婴闸，河长40.5公里。

故道东堤的堤防长42.1公里，西堤的堤防长38.4公里。故道北起北运西闸，南迄子婴闸对岸。宋天禧三年（1019年）在高邮北边始筑漕河堤，这是大运河扬州段宝应区域有湖堤的开始。明洪武二十八年（1395年），从宝应至界首穿过直渠20公里，在湖堤东边修筑河堤，将河湖分隔，船只改由河中航行，这是扬州大运河有东堤之始。明万历十三年（1585年）四月，在宝应城南至氾水，以湖堤为西堤另筑东堤，名"弘济河"，遂具有东西二堤。明万历十六年（1588年），宝应城以北筑堤，束水归漕，名宝应月河。万历二十六年（1598年）开高邮界首月河。至此，宝应境内大运河东西堤贯通，实现河湖分开。1959年新筑运河西堤，成二河三堤，老西堤为"中埂"。1982年毁去中埂，老河融入大运河中，但老河床及原西堤仍清晰可见，河床目前大部分为农田，并植有树木，部分地方建有房屋。

宝应古堤位于宝应古城大运河故道东堤一线，向南延至原沿河乡。1982年在大运河拓建工程中，在沿河段发现明代古石堤，长度 1500 多米，用石块和大砖砌成，古堤平面呈"S"形，条石块 200×40×40（厘米），砖块 43×19×11（厘米）。砖块上刻有文字"上用"、"淮安府县字一号"、"江字一号"、"都字一号"等。2000 年，在宝应西门运河堤坡，因建筑商品楼开挖地基，发现大量护堤砖，上面刻有"宝应县提调官　主簿郑"、"司吏俞鲁　作匠姜小六"等文字。2009 年 11 月在县城南挡军楼处，基建挖掘时，发现堤砖遗址，并有大量石块，堤长约 60 米，成弧形。经初步考证，此堤在宋代宝应湖土堤基础上，于明代万历年间修筑而成，以后又得以不断整修。目前古堤保存较好，为第六批全国重点文物保护单位。

历史沿革

宋元祐间（1086—1093 年）：宝应地区修筑土堤 200 余里，修涵洞 180 座，石堰斗门 36 座。

明正统三年（1438 年）：宝应大运河堤被易以石堤。

明成化十四年（1478 年）三月：根据汪直的建议，筑重堤于老东堤外，积水行舟，以避风浪。

明正德十六年（1521 年）：根据都水郎中杨最的建议，于氾光湖东修内河。将旧堤增石积土，以为外堤。

明万历五年（1577 年）：根据御史陈世宝的建议，于石堤之东复筑一堤，并于湖堤补石堤以固其外。

明万历六年（1578 年）九月：总督河漕都御使潘季驯筑宝应八浅（宝应地名）石堤。

明万历七年（1579 年）：营田道佥事史邦直督修宝应石堤，自南门至槐楼 10 公里。

明万历八年（1580年）：潘季驯完成河工未尽事宜。

明万历十二年（1584年）：为避氾光湖风浪，于修成的石堤东开宏济河。宏济河东堤系在原东石堤外新筑，宏济河西堤则间断利用了万历七年的氾光湖段运河的东石堤。至万历十三年（1585年），宏济河建成。

明万历年间至1949年：大运河基本以宏济河为运输航道，宏济河西堤基本以万历七年所修老石堤为基础，宏济河东堤基本以原氾光湖湖堤为基础。

1959年：大运河整治拓宽工程开始，大运河西堤以西开新运河筑新堤。残留于新老大运河之间的大运河西堤（基本为万历十二年宏济河西堤，在万历七年氾光湖东石堤截弯取直后的部分），被称为"中埂"。由于施工需要，新大运河河线内的万历七年石堤被部分拆除，而万历十二年所造的大运河东堤则未受影响。

1982年：为适应北煤南运、南水北调的需要，对大运河进行整治拓浚，挖出的土方被用于中埂切除工程。在中埂切除工程中，在宝应城南至南窑镇南段，于河底高1米处发现以排桩和砖石柜为主的万历七年明石堤残段。石堤断续出露，4次横穿河床，南北蜿蜒9.85公里，与今天运河线路基本相符。

2000年：宝应西门大运河堤坡，因建筑商品房开挖地基，发现大量护堤砖。

2009年11月：县城南挡军楼处，基建挖掘时，发现堤砖遗址，并有大量石块，排列较整齐，此段河道未完全淤塞，当为东堤堤岸遗址。

刘家堡减水闸

刘家堡减水闸遗迹位于宝应县沿河镇淮江公路西侧,大运河扬州段东堤岸下。南距刘家堡渡 180 米,北距沿河镇、宝应老城区分别为 2 公里及 9 公里。以遗迹的西北转角为测点,其为东经 119°20′778″,北纬 33°9′226″。

最初暴露的遗迹是减水闸北闸墙的西北转角及部分北墙、西墙和铺底石、地丁。在其南侧时隐时现的有地丁和糯米汁黏合的条石墙存在,在周边的地层中可拣到许多明清时期的陶瓷片。结合文献史料判断,这些都是明代石堤及石闸等水利工程的遗存。

刘家堡减水闸东西长 14.24 米,南北宽 3.44 米,平面呈"】【"字形。整体由南北闸墙、铺地石、地丁、摆手四部分组成。

遗址格局完整,四至清晰,遗址的堤坝、闸身基本完好,可以清晰地看到木桩基础、闸身、翼墙石砖结构,是研究明代水工设施、水工技术、河道变迁、河湖关系、历史地貌的重要物证。该闸是蓄泄湖水保障堤防安全的重要设施。

刘家堡减水闸的发现,是研究明代大运河演变、明代大运河堤、闸构造工艺、明代堤防结构、明代大运河水位变化、明代大运河的开发利用和里下河供水的实物资料。

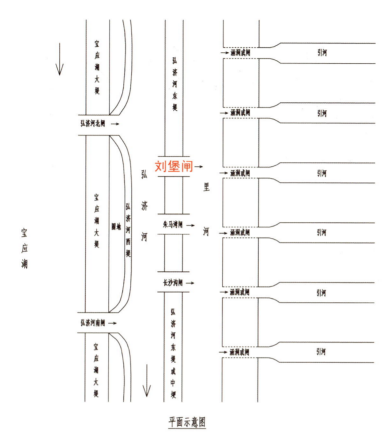

平面示意图

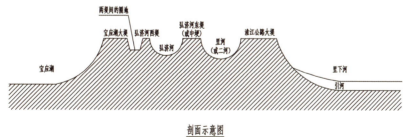

剖面示意图

宝应湖、弘济河、刘堡闸、里河、淮江大堤示意图

刘家堡减水闸示意图

刘堡闸铺底石

历史沿革

自邗沟开凿以后,沿线湖泊与邗沟相为表里,有利有弊。狂风夹浪溃决堤防,导致船只漂损,是其弊端;湖中蓄水,有益灌溉和船只航行,是其利处。扬州境内湖泊众多,在漕运中发挥了重要作用。明代以后湖害严重,弊大于利。为了船只航行安全和畅通,前人采用筑堤以界水、砌砖石以护堤、建石(硴)以泄横流、开月河以河湖分隔、加做纤道以助运等等措施。这里说的石(硴),就是后来说的平水闸(减水闸),起源于宋代。

明初,大运河扬州段漕运的运道一直在管家、射阳、白马、氾光、石白、新开湖、甓社、武安、邵伯诸湖中行走。这些湖泊成了漕船航行的通道,但湖中风浪对船只的危害也极大。为了船只过湖安全,采取了建闸以节其流,筑堤以防溃决,设浅铺避淤浅,做到蓄泄有利，减少水害。

洪武九年（1376年）：按宝应老人柏丛桂的建议，用砖砌护高宝湖堤六十里（30公里），以捍风浪。

洪武二十八年（1395年）：按柏丛桂的建议，发动民工56000人，自宝应槐楼湾至今高邮界首，沿湖东开直渠四十里（20公里），并筑堤保护。其后所增建石（硊）十八座，不久废弃。

成化十四年（1478年）：因邵伯、高邮、宝应、白马四湖，每遇西北风大作，湖上船只常遭堤石、桩木冲撞损毁，遂筑重堤于堤东，意在渠化，积水行舟，以避风浪，但未实施。

万历十二年（1584年）：挖成弘济河，长三十六里（18公里），筑堤九千余丈（约29970米），其中石堤占三分之一。建弘济河南北闸（后来又改为平水闸）于两端。

据史籍记载，明代宝应县南五十里（25公里）有江桥。大运河上有江桥减水闸，沿堤向北，有氾水、瓦店、朱马湾等闸。宝应向北以及西堤上也有减水闸。可见明代减水闸已被广泛运用。湖水涨时，通过减水闸排入下河以保堤防；弱时蓄水以保漕运，减水闸成为运道建设中不可缺少的水工设施。

宝应宋泾河

刘家堡减水闸兴建于万历十二年（1584年）九月二十一日，竣工于万历十三年（1585年）四月二十六日。清代顺治、康熙年间均对其进行过大修，刘家堡减水闸于乾隆年间淤塞。

宋泾河现为城市河，大新桥至小新桥之间的旧河及清代修建的跃龙洞（宝应县文物保护单位）遗存尚在，河水从南门跃龙关注入，环绕全城，全长约5445米，数百年来一直为百姓生活用水的主要来源，目前部分河道被填埋，河道较窄，且两侧多为建筑，水质一般，两侧河堤多为新筑石堤。宋泾河格局及与城市关系至今仍保存完好。

跃龙关位于宝应南城根路与大运河堤连接处，始建于康熙二十五年（1686年），嘉庆二十一年（1816年）重建，光绪十八年（1892年）两江总督刘坤一将其拆修，是宝应县古城区大运河进市河的唯一引水口，现存闸门石刻。闸门以外的闸道延至南城根路，均为条石堆砌。

历史沿革

宋泾河主要用于漕运，初凿于汉末，称"夹耶渠"，所在地称白田。隋初开邗沟，经白田入白马湖；唐安宜治迁至白田，城跨邗沟两岸，架孝仙、广惠二桥；宋改名为宋泾河，至元末400余年一直是漕运要道。明代重建宝应城垣，漕运改道城西，宋泾河被整修为城市河，环流全城。

明洪武元年（1368年）：修浚宝应县宋泾河，置板闸一区。北筑堰，与诸湖隔。

明正统年间（1436—1449年）、嘉靖年间（1522—1566年）：修复。

万历十二年（1584年）：开挖宏济河（次年完工），通宋泾河，并将耀龙关（即今跃龙关）所放进的水引向城东流入望直港。

洪武元年（1368年）：于宋泾河南建板闸一座，于北筑堰一道，与宝应湖隔开，运道改由宝应城西湖中行走，宋泾河遂不再为大运河主道，成为城市河。

第二章 水廓帆樯，从邗水到运河

第三节　高邮　甓社珠光映雪浪

高邮明清大运河故道

高邮明清大运河故道北起高邮界首镇，南至高邮镇，全长30公里，现已无水，主要包括西堤、东堤、运河河道、杨家坞、马棚湾口门、万家塘、御马头（即御码头）、耿庙石柱等遗迹。

高邮明清大运河故道是大运河的重要组成部分，这段河道集中反映了大运河由湖道向河道演变的动态过程，是反映大运河河湖关系的"活化石"。最初，这段河道直接利用湖泊作为航道，后来，为了航行安全，自宋至明清逐渐修筑分隔河湖的堤防，开挖月河，航道逐渐渠化并因此逐步东移。此河道现已废弃，上面栽植树木和农作物，但河道走向及河床河堤关系仍清晰可辨。

西堤

天禧四年（1020年），江淮发运副使张纶于高邮北沿湖筑堤100公里，并在湖上用巨石砌建了10座石闸，这是大运河西堤的开始。洪武九年（1376年），明王朝采纳柏丛桂的建议，重筑宝应、高邮湖堤30多公里。两岸砌石护岸，以防飓风袭击。西堤是大运河与诸湖泊的分界，它逐渐形成的过程也是大运河扬州段航道逐渐渠化的过程，对大运河扬州段主航道的形成具有重要意义。

东堤

洪武九年（1376年），在界首到槐角楼之间开渠20公里，运道不再经由湖泊，此为大运河有东堤之始。永乐七年（1410年）陈瑄为便于漕运，对氾光、宝应、白马诸湖长堤进行修筑，邑人称之为老堤。万历十二年（1584年）漕府王延瞻视察宝应、氾光湖，议开月河，即以老堤为西堤另筑东堤，从宝应南门外至新镇三官庙，长18公里。20世纪50年代大运河扬州段整治，裁弯取直，老东堤成为现在新大运河的西堤。

杨家坞

杨家坞位于高邮镇通湖路街道西侧运河二桥南侧，现存南北长350米，东西宽60米，总面积约21000平方米。该船坞南面为石砌口门，和高邮湖相通，现船坞仍在使用。

杨家坞

万家塘

万家塘即避风塘，位于高邮镇湖滨路街道北侧（御码头运河西岸），是过往船只停泊、补给、维修的场所，现存南北长450米，东西宽65米，面积近3000平方米，格局完整，口门两侧条石保存完好，三面有块石护坡，北面开口与高邮湖相连。口门内仍有众多渔民聚集生活，生动地体现了大运河沿线人民的生活方式，记录着高邮湖与大运河的特殊关系。万家塘坞中存有民国时期的水文站一座，该水文站为淮河流域最早设置的水文监测点，现船坞仍在使用。

御码头

御码头是康熙第一次南巡在高邮泊舟登岸之处。康熙二十三年（1684年）至康熙四十六年（1707年），康熙曾先后12次南巡。据《（雍正）高邮州志》记载，康熙6次南巡都曾在高邮驻跸，并在清水潭、南门大坝、嵇家闸、南关外等地住宿。

耿庙石柱

耿庙石柱

耿庙石柱位于高邮市通湖路运堤对岸。耿庙，又名七公殿。宋仁宗时，通判耿德裕为官清廉，后来他弃官隐居高邮，筑室于运河对岸的高邮湖边，并在此居住，皈依佛教，修身养性。耿德裕死后，宋帝为表彰其宦迹，赐谥号"康泽"，并就地建庙，故名耿庙。现庙已不存，仅存庙前石柱两根。柱呈方形，柱上有一穿孔，石柱因大运河拓宽，部分被埋入地下，现可见一根高度为 3.05 米，另一根残断，仅存 1.2 米高。庙址处于大运河转角处，石柱上留下道道来往船舶纤绳的磨痕。该柱现为市级文物保护单位，是大运河扬州段现存唯一的纤夫石遗迹，具有稀缺性，其位置真实，能生动反映与大运河河道的关系。

历史沿革

宋初，在甓社湖以东形成新开湖，漕渠沉入水下，漕船开始在湖上行舟，并过泗州载运石头输运至高邮新开湖中，积为长堤，从此漕舟无患。

天禧四年（1020年）：江淮发运副使张纶于高邮北沿湖筑堤100公里，并在湖堤上用巨石砌建了10座石闸，以供湖水涨溢时宣泄，此为大运河有西堤之始。

洪武九年（1376年）：明王朝重筑宝应、高邮湖堤30多公里，两侧砌石护岸，以防御飓风袭击，又在界首到槐角楼之间，开直渠20公里，运道不复由湖。此为大运河有东堤之始。

宣德七年（1432年）：陈瑄于高邮老湖堤以东凿渠20公里。

弘治二年（1489年）：户部侍郎白昂以运舟入新开湖多覆没为由，开复河于高邮堤东，南起高邮北三里之杭家嘴，向北到张家沟止，长20多公里，两堤皆壅土为堤，桩木砖石之固如湖岸，首尾有闸与湖相通，每湖水盛涨时至此减泄，从此运舟不再经由湖泊，往来者无风涛之虞，被称为"康济河"。

万历四年（1576年）：总督漕运侍郎吴桂芳修复高邮老湖堤，紧靠西堤挑筑康济越河20公里，并以中堤为东堤，原有东堤遂废。

万历十二年（1584年）：总漕都御史王延瞻开挖宏济河，以避氾光湖槐角楼之险，自宝应南门外至新镇三官殿（约在今氾水镇北2公里）东筑新堤一道，长18公里，向西仍取旧堤，即今宝应至界首运河，运道不再经过氾光（宝应）湖。

万历十六年（1588年）：总河潘季驯开宝应月河，自宝应南门外北至黄浦，长10公里，从此运道不再经由白马湖。

万历二十六年（1598年）：总河刘东星开界首月河，南起永兴港，北至双桥口止，长约6公里，建南北金门石闸两座，从此，运河不再经由界首湖，又自露筋庙向南至一沟铺开邵伯月河，长9公里，从此运道不再经由邵伯湖。

康熙十七年（1678年）：总河靳辅大挑运河，因为清水潭经常决口，复改筑永安新河（即今马棚湾），建东西土堤两道，东长2公里，西长3公里，首尾皆与旧堤相连，于是大运河扬州段东西堤形成了，运道与湖泊基本分隔开，形成了今天大运河扬州段河湖相依并存的状态。

马棚湾、杨家坞、万家塘三处船坞为清光绪初年建成。

盂城驿

高邮盂城驿是明代南北二京间的重要驿站，位于南、北澄子河与大运河的交汇处，西临大运河，东接文游路，南临馆驿巷，北靠琵琶西路，是里下河平原腹地与大运河的中转站。盂城驿周围文物遗迹众多，西有唐代镇国寺塔，东有明代净土寺塔，北有清王氏父子故居以及古文游台，南有明清古街巷南门大街，这些文物景点遥相呼应，共同构成了一道独特的风景线。

盂城驿现址位于高邮市南门大街馆驿巷13号，占地面积16000平方米，房屋整体为坐北朝南，为四排四进格局。该驿站开设于洪武八年（1375年），是大运河沿线保存最好、规模最大的古代驿站遗存。

盂城驿正门对面为全国重点文物保护单位的青石质地标志牌，正门厅前悬挂"驿"字灯笼一对，门上方悬挂"古盂城驿"横匾，大门左侧有"邮驿博物馆"竖牌。大门西侧的狮子盘绣球石鼓造型古朴，形象生动。

皇华厅又称正厅，为五开间明代建筑，是传递政令的场所，是驿站的管理中心。

中间屏门上方悬挂"皇华厅"匾额，下方为"明高邮州城图"，两侧悬挂"消息通灵会心不远，置邮传令盛德留行"的楹联。正厅主要陈列驿、马、船统计表、值班表、分工职责表、《邮驿律》等，厅中为官员接待场所，东房为签房，是办理公文之处。

驻节堂又称后厅，为四方宾客接待的地方。整个建筑的梁柱为明代驿站遗存，是盂城驿的精华所在，雕刻图案精致剔透，寓意深远。屏门上方悬挂"驻节堂"匾额，东西房为寝房。后院为驿卒舍和库房厨房等地。

鼓楼为十字脊重两层的古建筑，是驿站值更守夜、站岗传报的制高点，也是今天盂城驿的形象标志物。站在鼓楼上，可以俯瞰南门大街的整体场景。顶层下悬挂"鼓楼"匾额，底层墙面嵌有《重修盂城驿记》。

盂城驿现存有门厅、3间西耳房；正厅柱础完好，部分木架尚有利用价值，共5间；后厅5间，保存基本完好；厨房按古代厨房、生活用房重建5间，规格较小；礼宾轩3间。另有展览厅2栋6间，马神庙1间，重要文物藏品有宋代上马石4块、明清时期石质马槽1处，均保存完好。

盂城驿

历史沿革

嬴政二十四年（公元前 223 年），秦在这块地势低洼但交通便利的地方筑高台、设置邮亭，高邮从此便被形象地命名为"高邮"，后人又称"秦邮"。

洪武八年（1375 年），在高邮城南门外建盂城驿。永乐年间，知州王俊重修正厅 5 间，后厅 5 间，库房 3 间，廊房 14 间，神祠 1 间，马房 20 间，前鼓楼 3 间，照壁牌楼 1 座。驿站西南大运河堤旁设皇华厅 1 座，有房 3 间，专门用于迎钱过宾。

明代驿站功能有二：一是供过往使臣投宿，相当于现代的招待所或宾馆。凡持有"驿关"的官员，可按官阶高低及仆从多寡免费享受驿站提供的住宿、膳食、舟车、夫马；二是邮送过境公文。明代的制度规定，在主要邮路上一般是每隔 5 公里设一邮铺，次要邮路则是 10—15 公里不等。盂城驿因此成为大运河上的一处重要驿站。

明嘉靖三十六年（1557 年）五月，倭寇犯境，高邮城东、南、北 3 门外房舍被烧毁殆尽，盂城驿几成废墟。隆庆二年（1568 年）知州赵来亨按旧制重建"驿之屋二十九楹"，其中驿门 3 间，砖屏墙 1 座，马厂 1 所 3 间，驿丞宅 1 所 12 间；另有皇华厅 1 所 3 间。此外，赵来亨还在驿站南侧建秦邮公馆 1 处，有门楼 1 座，正堂 3 间，后厅寝室 3 间，南北厢前后共 8 间，厨房 3 间，送礼房 5 间。驿站设驿丞 1 人，攒典 1 人。

南门城外的皇华厅，由知州张德盛在康熙五十七年重修。嘉庆十四年，知州冯馨将楼体加高 1.3 米，重建并添建差房 3 间。道光二十年知州朱荣桂对其重建，州署专派一名吏目负责，驿舍迁入城内州正堂西偏北行 30 步的州署马厂（今马棚巷处），用马神堂 3 间、东西马棚各 12 间改建而成。

随着现代邮政的兴起，驿站功能逐渐衰退。光绪二十六年高邮开设大清三等邮政局 1 所，光绪二十八年、三十四年，宣统三年先后增设邮信柜三处。1911 年后，盂城驿被奉命撤销，结束了邮驿的历史使命。盂城驿遗址为我们留下了古代邮驿的实物见证。

1949 年后，盂城驿被用作居民住宅。1985 年，盂城驿在文物普查中被发现。1993 年，高邮市政府主持修缮工作，修复了驿站的主体建筑，与南门古街组成了古朴和谐的明清民居建筑群。1995 年修复后的盂城驿被辟为邮驿博物馆对外开放。1996 年 11 月 20 日，盂城驿作为古建筑及历史纪念建筑物类别中"驿站会馆"，被列为第四批全国重点文物保护单位。

价值与功能

盂城驿，能为已消逝的文明或文化传统提供独特的或至少是特殊的见证。

中国是世界上最早建立有组织传递信息的国家之一。信息和交通的发达推动经济的大力发展。随着国家的统一和社会经济的进一步发展，形成统一的市场，商品流转量大、距离远，河流在商业交通上的功能被发现和利用，水运作为一种天然、廉价、便利的运输方式得到了发展，因此在通航河流的重要渡口或在两条通航河流的交汇处，往往会形成商品集散地，久而久之形成较大的商业都会。

这样的模式在世界各地有多处例证，如中国长江沿岸，从上游起，岷江入长江处的宜宾，沱江入长江处的泸州，嘉陵江与长江汇合处的重庆，汉江与长江汇合处的武汉；国外如德国13世纪在莱茵河和多瑙河一带形成的科隆、纽伦堡和乌尔姆等城市。随着社会经济的进一步发展，许多国家人工开挖河流来满足交通运输等需要（在当时，水运是唯一方便而又能进行大宗货物运输的方式），在这些人工河流沿线也形成许多商业都会，如大运河沿线的扬州、苏州和杭州等城市。

盂城驿，与具有突出的普遍意义的事件、活传统、观点、信仰、艺术作品或文学作品有直接或实质的联系。

作为大运河附属遗存，盂城驿保存的建筑结构和规制，可以清晰地体现出大运河作为中国古代与陆路并行的重要交通方式在国家通讯体系中的地位。驿站是古代官办飞报军情、递送仪客、运输军需的机构。历代王朝都十分重视邮驿，称之"国之血脉"。

大运河则是维系古老帝国"大一统"的重要政治、经济、文化通道。盂城驿作为大运河沿线规模较大并唯一保存完好的水陆驿站，在传送功能、接待功能、转运功能中发挥了巨大的作用。

南宋抗金名将文天祥、清代著名文学家蒲松龄、意大利旅行家马可·波罗等历史名人都曾在盂城驿留下足迹。今天，在盂城驿建筑内部立有蒲松龄、马可·波罗的雕像，见证了当时中外学者、文人、政治家在此活动的事实与后人对他们的缅怀。

高邮南门大街历史地段

高邮南门大街

高邮城南历史文化街区位于高邮市区西南部，高邮老城南侧，北起宋城南门（又名望云门）南至"双人尽头巷"（今高邮市新华西路），东临盂城驿，西傍大运河，长约230米，总面积24000平方米。街巷格局保存较为完整，历史建筑分布广泛，留存了众多的老店、旧宅。

现高邮南门大街历史街区形成于明洪武八年，区内既有肌理完备的街巷，又有水陆并行的对外交通，汇聚了运河市镇典型的街巷空间要素。

街区内居住、商贸两个区域分区明确，南门大街以东地段和馆驿巷以北地段内为居住区；沿南门大街两侧为商业街市。

高邮南门大街现存建筑基本为清末至民国所建，使用功能主要为居住和各种商业服务。居住建筑一般以 1—2 层为主，商业建筑一般最大程度利用占地，布局紧凑；沿街商业建筑多为二层，有的是前店后作坊，有的是下店上住。街区核心是盂城驿，拥有较为完整的驿站格局，三层高的鼓楼成为区域性地标，是街区内的重要公共建筑。

街区功能主要分为三片：一是馆驿巷，主要包括盂城驿为主的文化展示区；二是以南门大街为框架的传统商业区；三是南门大街以东，馆驿巷以北的地区，包括三层楼巷、南海子河边、一人巷为主的传统居住区。

街区内有国保单位一处，即盂城驿；高邮市级文保单位两处，即三层楼巷 17 号孙氏宅和南门大街 48 号王氏宅，占地面积 3169 平方米，建筑面积 2122 平方米。街区内有清代历史建筑四处，即馆驿巷 24 号"永顺源粮行"、南门大街 56 号"老正大布店"、南门大街 30—32 号"溢美酱园店"、南门大街 42 号"慎昌南货店"老字号。粮、盐、南货、酱、布匹等产品是其主要交易商品，这些老字号遗存体现出大运河水道对城市空间形态的影响。街区内有清代古井两处，分别位于三层楼巷 17 号东头和南门大街 52 号的院落内。

街区内街巷基本为步行道路，周边蝶园路、琵琶路、运堤路为城市干道。

街区内道路系统以传统街巷为主，宽度较小，线型曲折，街区内居住人口519人，计173户。

历史沿革

高邮市历史悠久，人文荟萃。秦王嬴政于公元前223年在此"筑高台，设邮亭"，故名高邮，别称秦邮，又因秦观"吾乡如覆盂，地处扬楚脊"的诗句而被称为盂城。南门大街即代表着高邮老城的形象。

南门大街兴建于宋代，繁盛于明清，兴隆于近代，在历史上与诸多名人结缘：文天祥败走南门大街、马饮塘；13世纪意大利旅行家马可·波罗盛赞高邮城"范围广大，很繁华"；蒲松龄作为高邮州幕僚，为驿站的修扩大声呼吁。

南门大街，在历史上被称为"一个古今繁华所在"，尤其在明清时期，随着大运河功能的增强，明洪武八年盂城驿的开设，南门大街愈显繁华。

南门大街于1997年重新修复，街巷格局保存较为完整，历史建筑分布广泛，留存众多老店、旧宅；盂城驿作为国家级文物保护单位，承载着高邮"邮文化"展示的功能；街区内街巷环境呈现运河市镇的典型特色，是高邮传统商业交易与居住生活形态特征的集中反映。

价值与功能

高邮南门大街历史地段，能为已消逝的文明或文化传统提供独特的或至少是特殊的见证。

高邮古城位于大运河扬州段主河道与入海减河北澄子河的交

汇处，自宋以来就是里下河地区的粮食集散中心，宋至明代，每年漕运粮食 700 多石。东西向支流马饮塘在历史时期是运送里下河腹地粮食至高邮进入大运河的重要水道，其城市经济的发展体现了大运河的经济价值。北宋以后，特别是明清时期，它依托大运河在水文、商业、航运等方面的便捷条件，加强了与大运河沿线城市的经济、文化、思想等多方面的交流，在促进当地经济繁荣、文化昌盛、思想多元的同时，也催生了许多具有地方特色的街道和建筑，如北大街、南大街、馆驿巷、运粮巷、盐仓巷等。

高邮南门大街历史地段与中国传统滨水空间产生的历史地段一样，是一种对人类活动产生重大影响，具有较高历史、文化、艺术价值的古建筑或建筑群，形成了历史文化遗址和与之相依相映的周边地区环境。它体现出城市历史的印迹，是高邮城市及类似的沿运河而催生的城镇塑造滨水空间景观的源泉，是传达城镇历史变迁的重要元素。

从高邮城镇的发展来看，高邮南门历史大街曾是高邮古城的雏形，随着历史变迁古城由此向东西南北延伸开来。南门大街历史地段作为不同历史阶段高邮古城形态积淀的产物，构成了城市因大运河而生的空间格局关系，刻画出高邮古城因大运河而发育和成长、因大运河功能倾向变化而发生相应变迁、甚至因大运河历史功能的结束而衰败的轨迹。

镇国寺塔

镇国寺塔位于高邮城西南大运河的河心岛上，现存塔身的 1 至 3 层为宋代遗物，其他各层均为明代修建。该塔为 7 层方形楼阁式砖塔，塔高 35.36 米，塔壁逐级递收。底层每边宽 8.84 米，南北开券门,第2层和第3层相错方向开门,4至7层则4面开门。另3至7层门两侧有灯龛。各层有砖砌叠式腰檐,腰檐特短,无平座。每面以砖砌倚柱分隔为3间,柱头上有额枋。塔内第7层砖顶饰斗八藻井,交叉木梁上立刹柱,塔顶置覆钵。顶端塔刹是一青铜铸葫芦,葫芦表面刻有"风调雨顺、国泰民安"八字。现塔的底层有二分之一埋在地下,外形轮廓大体保存唐代砖塔的风格。

当代古建筑、园林专家陈从周曾二访古塔,并口占七绝《高邮镇国寺塔》:"归程回首步犹迟,古塔斜阳系去思。不惜秋波重一转,水中陆上两相宜。"

唐代以来大运河区域经济的繁荣和文化的发达吸引着人们来此定居和传播文化,镇国寺塔就是北方建筑风格转移到南方的一个典型范例。

镇国寺塔与寺庙相辅相成,在体现大运河景观价值、彰显盛世丰饶的同时,也记录了大运河被改造的历史。

镇国寺塔

历史沿革

镇国寺塔始建于唐僖宗年间（874—888年），是僖宗李儇为其弟举直禅师所建的寺庙。举直禅师圆寂后，安葬在院内一角，并立佛塔一座以珍藏舍利和经卷。

明万历三十四年（1606年）：重修。

清嘉庆十五年（1810年）：遭大风雷击，毁去上面三层。

光绪三十二年（1906年）：重修时改为七层。

民国九年（1920年）：曾有过维修记录。

1956年：运河拓宽后，镇国寺塔成为河心岛，佛塔也同时兼有了航标的功能。

1957年：被列为江苏省第二批文物保护单位。

1982年：被列为省级文物保护单位。

1993年：加固和修补塔基，封堵底层南北塔门。

2008年：修缮。

20世纪70年代扬州运河高邮段

子婴河

子婴河西起子婴闸,东经临泽镇至大李庄,全长25.5公里。河底宽4—10米,河床高程0—0.5米,现为高邮北部和宝应南部的主要灌溉、排水河道之一。

历史沿革

子婴河,清代以前被称为子婴沟,其名来源于临泽镇的子婴庙,最早开凿时间在汉武帝元狩年间。

明万历二十四年(1596年):浚子婴沟,并建子婴大闸。在明末清初的一段时间内,子婴河成为宣泄淮河洪水入海的重要通道之一。

清康熙以后,由于高邮以南归海坝的开堵逐渐趋于频繁,朝廷对里下河河道的疏浚重点逐渐南移,对子婴沟的整治已不多。

从康熙三十八年(1699年)至民国三十八年(1949年)的250年间,子婴河疏浚了两次。第一次为康熙六十年(1721年),"知州张德盛挑浚(子婴沟)至临泽出荡口";第二次为嘉庆十九年(1814年)疏浚子婴沟,"由高宝(高邮和宝应)交界军民沟起至高兴(高邮和兴化)交界花红荡止,长七千五百九十丈(约25.3公里)"。嘉庆以后不再有疏浚子婴沟的记载。

1958年:当地政府沿大运河发展自流灌溉,在陆庄、临泽两处建闸,抬高子婴河水作为干渠进行自流灌溉,建成了子婴灌区。

1975年:因子婴河成为干渠后影响到上游界首、营南等乡镇的排水,政府又在界首镇北利用界首中沟新开子婴干渠,恢复该河为交通、排水河道。该河上段被拓浚至临泽镇西冯家湾,长17公里,河底宽4—8米,河底高程-0.5—1.0米,护坡坡度比为1:2。

1976年冬：新开子婴河下段，废弃从冯家湾至大李庄的老子婴河下段，从冯家湾起向东过临泽镇南经邵家舍至草堰荡，新开一段排水河道名为临川河，长10公里，河底宽10米，河底高程 -1.0—1.5米，护坡坡度比为 1∶2。

平津堰遗址

平津堰位于高邮市镇国寺之西，高邮明清大运河故道北端，是目前大运河扬州段所发现唯一的堰。现存两层条石，长约50米，部分条石破碎，散落于田间。其西侧为农田，农田之西为高邮湖，周边环境较好。

历史沿革

平津堰始建于唐元和年间（806—820年），由淮南节度使李吉甫主持建设，为调节运河水位的水利设施。

《方舆纪要》记载，高邮大运河故址即唐代李吉甫修筑的平津堰。《明史稿》记载："唐元和中李吉甫为淮南节度使，复大修陂塘、筑堰于高邮，泄有余，防不足，以通利漕运挽旁，灌田千余顷，今所谓平津堰者也。"

《郡国利病书》记载："宝应运河堤白黄浦至界首长八十里（40公里），即唐（李）吉甫平津堰。"

《图经》记载："平津堰乃拦河蓄水，以济漕运，当在江都境内，非高、宝湖堤是也。"（李）吉甫之作平津堰，以平漕河之水，亦非止一处。

马棚湾铁犀

马棚湾铁犀于清代康熙四十年（1701年）铸造，为镇水之物。铁犀长1.70米，宽0.75米，高0.68米，犀身与铁座浇铸为一体，

马棚湾铁犀

重约 2.5 吨。双角稍有残缺,体表有锈蚀、裂纹及残损,整体上仍较为完好。铁犀为卧伏式,造型逼真,雄健传神,屈膝昂首,怒目圆睁。铁犀身上浇铸的铭词为"唯金克木蛟龙藏,唯土制水龟蛇降。铁犀伏镇奠淮扬,永除昏垫报吾皇"。

历史沿革

马棚湾铁犀与邵伯铁犀同属康熙四十年铸造的"九牛"中的一只。

铁犀于清代康熙四十年(1701年)铸造,为镇水之物。

1956年大运河扬州段拓宽时,马棚湾堤段被裁弯取直,马棚湾铁犀先后被移入当地公园和文化馆,1987年其公布为高邮县文物保护单位。目前铁犀已被安放在马棚湾原址。

价值与功能

铁犀，能为已消逝的文明或文化传统提供独特的或至少是特殊的见证。

中国的先民在与洪水作斗争时，有祈求神灵保护的传统，其中用铁犀镇水的习俗已相沿2000多年，长江、黄河、淮河、大运河都有用铁犀镇水的记载。

铁犀镇水的理念来自中国传统文化哲学中的五行学说。

五行说是中国古代的一种物质观，多用于哲学、中医学和占卜方面。五行指：金、木、水、火、土。五行说认为大自然由五种要素所构成，随着这五个要素的盛衰，大自然产生变化，不但影响到人的命运，同时也使宇宙万物循环不已。五行学说认为宇宙万物，都由木火土金水这五种基本物质的运行（运动）和变化所构成。它强调整体概念，描绘了事物的结构关系和运动形式。如果说阴阳是一种古代的对立统一学说，则五行可以说是一种原始的普通系统论。

在战国晚期（公元前200多年）出现了五行相胜（克）相生的学说。这种学说把胜（克）、生的次序固定下来，体现了事物的矛盾和统一，也体现中国人对事物内部结构关系及其整体把握的思想。

五行中，金为铁，是水之母，子不敢与母斗，所以蛟龙畏惧铁；而犀为神牛，牛能耕田，属坤兽，坤在五行中为土，土能克水。以马棚湾铁犀、邵伯铁犀为代表的铁犀作为大运河沿线城市保存相对完好的镇水神兽，深刻反映出古代大运河沿线人们的思想传统、民俗信仰，巧妙地揭示出中国传统五行及传统文化精髓中的幽深和奥秘，是古代运河人民水神崇拜和祭祀文化的重要见证。

铁犀，与具有突出的普遍意义的事件、活传统、观点、信仰、艺术作品或文学作品有直接或实质的联系。

作为镇水神兽的铁犀，不仅有力佐证了大运河的走向和流经城镇，为研究大运河河道的变迁提供了实证，而且铸就了我国古代治水的特色文化。

从上古时代的大禹治水开始，传统中国就非常重视水的治理，各种治水神话故事和民间文学作品相当丰富。铁犀镇水的传说自战国时期李冰修建都江堰开始，历史悠久。在中国很多地方，都有铸铁犀镇水的传统。不同年代铁犀的铭文不一样，但是祈求神灵保佑的民间信仰是一致的。

第二章 水廊帆樯，从邗水到运河

第四节　邵伯　商旅如梭水城坊

邵伯明清大运河故道

邵伯明清大运河故道位于邵伯镇西,北至邵伯节制闸,南至南塘,长约2000米,宽约30米。该河道目前功能已废弃,但河道整体走向、河岸护堤及码头仍然得以保留。

邵伯明清大运河的前身是邗沟的一部分,但是明代以前邗沟是以邵伯湖为运道,大运河与邵伯湖连为一体。明万历二十八年(1600年),为避免湖面的风浪影响漕运,在邵伯湖东侧修建堤坝,使大运河的主航道与邵伯湖彻底分开,成为独立的航道,称为邵伯月河。明代月河最南到三沟闸(今昭关坝附近),邵伯镇西的这段大运河是清道光三十年(1850年)三沟闸至梁家港的堤坝修建后才形成的。咸丰五年(1855年),邵伯董醇酝所著《甘棠小志》中附有当时邵伯镇的舆图,准确记录了当时大运河的河道走向,并通过文字描述了邵伯大运河的变迁。

历史沿革

邵伯境内的明清大运河故道最早可以追溯到邗沟时期,但在明以前,一直是以邵伯湖为运道,湖河不分。[1]

宋绍熙五年(1194年):为防止湖水外泄,在淮东提举陈损

---

[1] 《宋史·河渠志》:"光宗绍熙五年,淮东提举陈损之言,高邮、楚州之间,陂湖渺漫,茭葑弥满,宜创立堤堰以为潴泄,庶几水不至于泛溢,旱不至于干涸,乞兴筑扬州江都县至楚州淮阴县三百六十里。"

之建议下，于大运河扬州段沿线东岸修筑堤坝，邵伯湖东侧的大堤最早也形成于这次修筑。

明万历二十八年（1600年）：为避免湖面的风浪影响漕运，总督漕河尚书刘东星在原来的大运河东堤以西开挖月河，并在月河以东修筑新的东堤。当时月河在邵伯境内，北起露筋村，南迄三沟闸。[1]

清道光三十年（1850年）：在邵伯镇西的湖中修建土堤一道，以保护东堤，同时使月河由三沟闸延长至邵伯镇南的梁家港。从此邵伯镇附近的河道与邵伯湖分开，成为独立的水道。[2]

1936年：为提升大运河的通航能力，在该段大运河以西建成邵伯老船闸，此后大运河主航道改由船闸通过，这段河道失去航运功能。

1952年：为控制这段河道的水位，于邵伯镇竹巷口处的运河故道上建设双孔节制闸。此闸于1953年建成，从此邵伯明清大运河故道日渐淤塞。

邵伯古堤

邵伯古堤位于江都邵伯镇甘棠社区以西的大运河故道东岸，是竹巷口至庙巷的一段大运河河堤。

古堤最初始建于宋代绍熙年间，修筑的目的是为了防止邵伯湖湖水外泄，保持大运河水位。明代以后，大运河成为淮河的入江通道，每当淮河泛滥，大运河水位大涨，大运河以东地势低洼的地区常有水患。在此背景下，邵伯古堤于明代再一次加高、加固。

---

[1] 《南河全考》。
[2] 《甘棠小志》："道光三十年，自通湖港南至梁家港接筑西岸土工长一千七百八十丈，以御盛涨时西风巨浪。"

邵伯古堤的修筑，使邵伯段大运河脱离湖面，成为独立航道。同时，古堤也是抵御淮河洪水，保障邵伯镇安全的重要屏障。

以上在《宋史·河渠志》和《南河全考》、《郡国利病书》，以及邵伯地方志《甘棠小志》中都有提及。

古堤现存部分占地面积5000平方米，建筑面积1500平方米，南北长300米，截面为梯形，下底宽8米，上口宽2.5—3米，高5米。堤底部为石块垒叠护坡，石料规格多为148×28×30（厘米）、78×34×34（厘米），97×25×36（厘米）等。堤上部以城砖砌筑，顶部压一层条石，城砖尺寸为42×19×10（厘米）。堤在明清时期作为南北驿道，称作上河边，现已失去功能。

历史沿革

邵伯大运河堤防始于宋代，绍熙五年（1194年）淮东提举陈损之新筑江都县至淮阴大运河大堤180公里，名绍熙堤。宋元两朝，仅有堤防一道，在邵伯湖之东，时名东堤。明代漕船在湖中行驶，常遭风浪沉没，故兴筑河湖分隔工程。明万历年间，在邵伯月河东堤内侧另筑堤防一道，两堤之间为大运河航道，此后，方有西堤之称。

运堤最初是为"泄有余，防不足"而设，主要功能是维持大运河的水位。元代黄河夺淮之后，每年给大运河扬州段带来大量泥沙，导致河床逐年淤垫升高，大运河逐渐成为悬河，以东地势低洼的里下河地区形成巨大威胁。这时，大运河大堤就成为里下河地区的防洪屏障。因此明清之际，大运河堤防工程频繁，多次修补石工。

清康熙五十三年（1714年），修建邵伯大运河东岸石工，自大码头至庙巷口，长1320米。这一段石堤一直留存至今，现称为邵伯古堤。

邵伯码头

自从邗沟贯通江淮，邵伯成为南北往来必经之路，船舶往来日渐繁盛，因此在邵伯镇明清大运河故道两侧形成了大量码头。现在大运河东堤上尚存四个古码头，自北向南分别称为竹巷口码头、大马（码）头、朱家巷码头和庙巷口码头。

这四座码头是往来大运河南北的客商在邵伯镇的主要停靠之处，也是邵伯镇及大运河以东地区进行对外货物贸易的主要场所。邵伯镇在清以前的繁荣，很大程度上依赖于这四座码头。

码头与大运河的水位平齐，通过石台阶与大堤上的道路——上河边联系。现在码头在水面的部分已不复存在，因此原本的形制不得而知，只看到大运河边的石质台阶。台阶尺度不大，每阶宽约30厘米，长约2—3米，规模最大的"大马（码）头"也不超过5米。

1936年大运河改道之后，这些码头被逐渐废弃。现在周边环境较差，杂草较多。

2006年被列为江苏省级文物保护单位。

历史沿革

邵伯大运河沿线最早的码头已无源考证，但是位于大运河堤上的这四座码头的建成年代，与大堤相同。

康熙五十三年（1714年）：修建邵伯大运河东岸石工，大堤自大码头至庙巷口长1320米，四座码头就是这时与大堤共同修建的。其中，大码头的名声最响，素有"邵伯大码头，镇江小码头"

的说法。

雍正四年（1726年）：潘鸿重造大码头潘家古渡。

1936年：邵伯大运河改线，邵伯镇西的这一段大运河失去航运的功能，这些码头也随之逐渐失去功能。

邵伯老船闸

邵伯老船闸位于今邵伯镇邵伯节制闸西侧稍南的大运河边，民国二十五年（1936年）建成并投入使用。船闸闸室长100米，宽10米，闸门为钢结构人字门，每扇闸门重约6吨，上下游均设置手摇启闭机械，船只过闸时间一般约为40分钟。

邵伯老船闸是当时从长江入大运河的第一座船闸，也是中国第一座使用现代工程技术建造的船闸。建造船闸之前，大运河航道的水深常年只有1米左右，冬春枯水季节航运则几乎停顿。船闸建成后，大运河最低水深不低于2.5米，吃水2米的重载船舶得以常年通航。

现船闸水面以上部分和闸室西侧的岸墙已被拆除，只保存有两端钢制闸门和闸室东侧的岸墙。

历史沿革

20世纪初，大运河扬州段水位不稳，盛衰常随季节而变。民国十八年（1929年），政府为了解决航运、灌溉及减轻水患，制定了《整治运河航道计划》——从三江营（位于今江都区）入江口起，沿大运河直至陇海铁路交叉点的运河站，共300多公里，建成吃水深2米，载重900吨，全年通航无阻的河道。其中，兴建邵伯船闸也是这项工程的内容之一，其作用是维持大运河邵伯至淮阴之间的航运水位，保证其最低水深不低于2.5米。

工程于民国二十三年（1934年）开工，民国二十五年（1936年）年底完工后正式通航。船闸有效长度100米，宽10米，上下游最大水位差7.7米，为双扇对开式钢门，是民国时期由长江入大运河的第一座船闸，也是当时第一座使用现代技术建造的船闸。闸室灌水及放水时间约24分钟，船只进出需时30分钟，每次可放行船只约20艘，昼夜通航，每天经过船只350艘左右。

船闸建成后，历经民国三十六年（1947年）、1956年、1963年、1967年4次大修，于1979年被拆除。

第一次大修：

由于船闸部分设施遭战火摧毁，政府于1947年春开展修复工程。主要工程项目有：修理上下游闸门及开关，拆修活动桥及护栅栏等，修复上下游块石护坡，除锈油漆，清除闸室积淤，校正闸门及各部件开关。大修后船闸得以恢复旧观。

第二次大修：

1956年3月，过闸芦苇船失火，烧毁船闸人行桥一截，加之原有栅栏架挑出部位限制了闸室的有效宽度，同时闸室两岸块石护坡平台上下亦有部分损坏及裂缝，故决定大修加固，拆除了闸室人行便桥，使闸室宽度由10米增加至15.8米，另建桥于护岸的后部，整修块石护坡。

第三次大修：

1958年，政府决定拓宽运河航道，为此在邵伯老船闸以西新建规模更大的邵伯船闸（现称邵伯一线船闸）。1962年新船闸建成通航，老船闸不再使用。1963年，因江都水利枢纽工程引江向北送水，经过邵仙河，故在老船闸与新船闸之间开挖河道，从此老船闸经改道调尾，与里下河沟通通航。

第四次大修：

自从老船闸西侧开挖高水河后，由于高水河水位与里下河水位相差过大，一般在 5 米以下，而高水河距离闸室只有 50 米，造成闸室西岸护坡严重裂缝、沉陷，人行便桥移位，且持续恶化。1967 年，江苏省交通厅决定进行翻修护坡工程，翻修后护坡坡比变为 1∶2。但由于高水河水压的原因，闸况并未好转。

1979 年，高水河成为"南水北调"东线工程源头的主要输水通道，需扩大过水断面，老船闸因技术状况日益恶化，被停止使用并拆除。

邵伯铁犀

邵伯铁犀

邵伯铁犀位于邵伯节制闸上游的"斗野亭"公园内，是目前保存比较完好的一只，它横卧在厚约 10 厘米的连体铁座上，长 1.98 米，高 1.10 米，重约 1500 公斤，腹内空，腹外部镌有清代董恂所作铭文，现字迹已模糊。它的周边有亭台和长廊建筑作点缀，东有假山耸立，临水为雕石栏杆，主亭飞檐翘角，古朴典雅，亭内集苏（轼）、黄（庭坚）、米（芾）、蔡（襄）宋代四大书法家字迹，壁上镌七贤诗。

作为镇水神兽的铁犀，见证了大运河发展的特定历史时期，百姓为躲避河患，祈求安康、祷告平安的美好愿望。

历史沿革

清朝康熙三十八年（1698 年）六月：淮河水灾，邵伯镇南更楼决口长达 180 米，水深 13 米多。因无法迅速堵塞决口，漕河总督张鹏翮决定避开决口，开月河一道，自仓巷口向西折南至南大王庙接运河，又筑南北二坝。康熙四十年，张鹏翮铸"九牛二虎一只鸡"，分置于大运河扬州段与淮安段的险工地带，用于镇水祈福。大运河扬州段高邮马棚湾、江都邵伯镇、邗江瓜洲等险要堤段都设置了镇水铁犀；"二虎"是镌刻在扬州东北壁虎坝两端墙壁上的两只壁虎；"一只鸡"是镌刻在邵伯嵇家闸闸壁上的一只雄鸡。

清咸丰二年（1852 年）：董恂奉命负责江南漕运，经过邵伯时，见铁犀完好，但无铭文，遂作铭词："淮水北来何泱泱，长堤如虹巩金汤。冶铁作犀镇甘棠，以坤制坎柔克刚。容民畜众保无疆，亿万千年颂平康。"

此后邵伯铁犀共经历4次移址。

1952年冬：因开挖邵仙引河，从米市街北运堤墩上迁至邵伯大码头西侧。

1964年：移至邵伯文化馆院内。

1994年：迁至甘棠路西首（民国二十年运堤决口处）。

2000年：迁至邵伯节制闸上游"斗野亭"公园内。

第三章 萃华集瑰,诗魂文脉耀千秋

邵伯湖至湾头

大运河扬州段自邵伯湖向南,直至瓦窑铺附近,水面开始狭窄,水系逐渐增多。河道由较为单一的航道发散为自北向南渐次平行排列的多条河道,与高邮、邵伯段开阔而较深的河道形成鲜明对比。这段河道由淮河入江水道(部分)、南水北调东线(包括江都水利枢纽)、运河转弯处湾头等组成,在有限的区域内集中了排洪、灌溉、航运等传统功能和调水、引水等新功能,承载了古今大运河水工技术的杰出创造精神,也展示着新时期人类克服艰难、战胜自然的伟大功绩。

淮水入江水道

大运河扬州段主航道与淮河入江水道以高邮湖、邵伯湖为交点,呈"×"形交叉分布,犹如一张大网,将不同功能的河道排布到一起,覆盖了邵伯至湾头的大部分水系,共同构成了大运河全段水系中一道独特的风景。其中,扬州段的淮河入江水道部分从高邮、邵伯湖西北部进入,与运河贯通,在邵伯湖南侧湖口分叉后,渐次排布为与运盐河、金湾河、太平河、凤凰河、新河、壁虎河等多条南北向河道并行的河道,是邵伯湖西北部淮河入江主要水道的延伸,与邵伯湖一起,成为是淮河的主要泄洪通道之一。

历史沿革

历史上,淮河原来不从扬州入江,明代黄河不断决口,黄河水冲入淮河,泥沙淤积,使里下河水患惨重。给事中汤聘尹提出"导淮入江,以避黄",但该提议并未得到认可和付诸实践。[1] 万历二十三年(1595年),总理河督杨一魁实施了由万历皇帝认可、

---

[1] 《明史·志第60》。

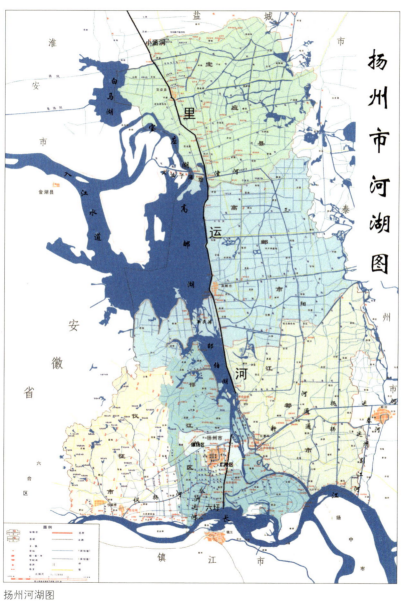

扬州河湖图

张企程勘准的意见，大举"分黄导淮"，次年十月工程全部完成[1]，为淮河在扬州入江迈出第一步。至明末，扬州段淮河入江水道主要通过邵伯以南的金湾闸河（后来为运盐河河首）、壁虎河、凤凰河，向南排水，进入东西向的运盐河（今通扬运河，现仙女庙至湾头之间称横河，已废，有遗迹），由运盐河南侧的廖家沟、芒稻河及白塔河入江。同时利用沙河（今已废）、瓜河（今瓜洲运河）、仪河（今仪扬运河）及扬子桥河（深港，今施桥支港）泄淮河水入江。[2]

道光八年（1828年），政府开了瓦窑铺新河，这条河与凤凰河并行，从廖家沟入江。至此淮河又增添了一条入江通道，至此归江河道布局全部形成。

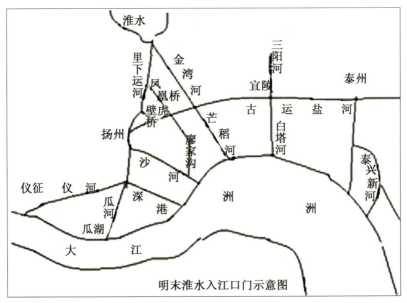

明末淮水入江口门示意图

[1] 《明史·志第61》。
[2] 《扬州运河》，广陵书社，2011年6月，第149页。

至今，大运河扬州段这些河道作为国务院淮河入江水道工程[1]的重要部分，与其他淮河入江河道共同发挥作用，继续为洪泽湖地区的防洪安全提供保障，并承泄大运河西部的宝应湖、高邮湖地区及里下河地区的涝水。

湾头（茱萸湾）

大运河扬州段河道主线至湾头分为几道，一道向南至六圩（1958年新开运河）；一道向东入运盐河（今通扬运河）；一道折向西南入扬州市区大运河。其分道处湾头镇因盛长茱萸树，故古时曾名茱萸村、茱萸湾，又因大运河至此转弯，故又名湾口、湾头。这里是大运河从北面进入扬州市区的门户，隋炀帝三下扬州，清康熙、乾隆帝先后各六次南巡都曾经过此地。湾头现存茱萸湾古闸，保存了历史的原有风貌，是湾头与大运河密切关系的实物见证。

唐代的茱萸湾还是对外往来的港口。唐诗描绘了这里的水色风光："半逻莺满树，新年人独还。落花逐流水，共到茱萸湾。""有地唯栽竹，无家不养鹅。春风荡城郭，满耳

20世纪70年代古茱萸湾老街　王虹军摄

---

[1] 淮河入江水道工程，上起洪泽湖三河闸，下至江都附近的三江营，全长157.2公里，设计泄洪能力12000立方米/秒，可将淮河上中游70%以上的洪水泄入长江。

是笙歌。"

湾头镇的茱萸湾公园，是大运河扬州段重要的自然文化景观。其千顷绿地由诸多绿色植物自身作围合，诸如"荷风曲桥""梅山春深""芍药婵娟""寒梅傲雪""茱萸古韵"等，构成了一幅幅巧夺天工、令人心醉的植物景观。不论在哪个季节，或携友或举家作客茱萸湾，人们都会感受到植物带来的天赐美景。

历史沿革

湾头镇，历史上位置显要，在漕运、盐运、水运等方面起过重要作用。在汉代，茱萸湾就已形成，至隋代，隋炀帝开凿大运河，茱萸湾便成了从水路进入扬州的重要门户和漕运、盐运的重要港口。隋开皇七年（587年），政府开三阳渎（即三阳河）由茱萸湾（今湾头镇）至今江都区宜陵镇，再经樊川镇接高邮、宝应三阳河至射阳湖入淮，隋仁寿年间，再次复开，用于漕船通行。隋、唐时，湾头有没有设置埭堰，史载不详。唐代，湾头已成为重要港口。日本和尚圆仁于开成三年（838年），就是沿着运盐河至湾头达扬州的。在他回国后写的《入唐求法巡礼行记》中，称湾头附近的大运河为城北江。

北宋时，湾头为江都（今扬州）七镇之一。宋初，为了蓄水，筑设茱萸堰与斗门。仁宗天圣年（1023—1031年）中，茱萸堰被废除。

宋嘉祐时，利用通扬运河进行海盐运输。宋熙宁时整修了泰州至如皋段运盐河。宋徽宗宣和（1119—1125年）初，淮南连年干旱，漕运不通，扬州尤为严重，重新筑茱萸堰拦蓄水源。宋高宗于绍兴四年（1134年），下令"烧毁扬州湾头港口闸、泰州姜堰、通州白莆堰，务不要通敌舟"，因惧怕金人南侵，通扬运河遭到严重破坏。元延祐时，大运河浅涩无源，政府对其进行过疏浚。元末至明初，私盐猖獗，通扬运河失修，濒临湮废。明宣德时，江都白塔河开挖以后，江南漕船经白塔河入通扬运河至湾头抵运河，通扬运河再次兴盛起来。通扬运河时兴时废，皆因地处沙土地区，淤积严重。

此段于明清时为两淮盐运司专管码头。明代成化九年（1473年），湾头上下二闸得以建成。万历二十三年（1595年）"分黄导淮"，淮河经邵伯湖南流，过壁虎桥（桥下设有滚水坝）、凤凰桥（桥下设有滚水坝），入通扬运河，东注芒稻河入江，湾头成为淮河入江第一门户。

茱萸湾古闸

遗产描述

茱萸湾古闸位于湾头镇西街和北街的交汇处，闸区水系和大运河相通，占地面积5429平方米。闸平面呈银锭形，南北长17米，闸体高5.6米，矶心宽2.3米。两岸尚存驳岸长约200米，青石砌成，每块石料之间均用银锭形铁件榫铆。闸北、西岸建有砖砌券门，券门上石额分别刻有阮元题"古茱萸湾"及"保障生灵"。闸区西街、北街等老街，仍基本保留着原有风貌。闸南岸存有传为太平天国遵王赖文光扣马石，闸东为避风塘，为船舶避风、停靠的港口。

历史沿革

茱萸湾古闸始建于清代（具体年代方志类官方史料中未见记载）。

光绪二十八年（1902年）：重建。

1996年：公布为市级文物保护单位。

2005年：调查后保存原状。

2008年：重新公布为市级文物保护单位。

南水北调工程

大运河扬州段的水网结构相对复杂，功能也较为多样，除了主航道承担着运输、灌溉、泄洪等功能，淮河入江水道系统对区域性的治淮、防洪发挥作用之外，大运河扬州段的大部分航道在节约用水，合理利用现有水资源的基础上，也担负着为南水北调东线工程输水的重任。

南水北调是缓解中国北方水资源严重短缺局面的重大战略性工程。中国南涝北旱，南水北调工程通过跨流域的水资源合理配置，大大缓解了北方水资源严重短缺问题，促进了南北方经济、社会与人口、资源、环境的协调发展。南水北调工程有东线、中线、西线三条调水线。

东线工程是中国南水北调总体布局中的重要组成部分，是利用已有的江水北调工程，逐步扩大调水规模并延长输水线路。东线工程从长江下游扬州抽引长江水，利用大运河及与其平行的河道逐级提水北送，并连接起调蓄作用的洪泽湖、骆马湖、南四湖、东平湖。出东平湖后东线分两路输水：一路向北，在位山附近经隧洞穿过黄河；另一路向东，通过胶东地区输水干线经济南输水到烟台、威海。东线工程开工最早，并且有现成输水道。[1]

大运河扬州段江都水利枢纽，是中国南水北调东线工程的源

---

[1] 中国南水北调，见 http://www.nsbd.gov.cn/

南水北调工程东线图

头,也是中国最大的引江枢纽工程,简称江都抽水站。工程位于江都境内,在大运河、新通扬运河和淮河入江尾闾芒稻河的交汇处,始建于1961年,至1977年建成。它由4座大型电力抽水站、12座大中型水闸、3座船闸、2座涵洞、2条鱼道以及输变电工程、引排河道组成,是一个集泄洪、灌溉、排涝、引水、通航、发电、改善生态环境等多项功能于一体的大型水利枢纽。其中4座抽水站共装有大型立式轴流泵机组33台套,装机容量53000千瓦,设计抽水能力为400立方米/秒,是目前我国乃至远东地区规模最大的电力排灌工程。位于入江水道上的5座节制闸,以万福闸最大,65孔,设计泄洪流量7460立方米/秒。江都抽水站及配套工程的建成,在大运河扬州段水利发展史上具有里程碑式的意义,它不

江都水利枢纽工程

仅使所辖排灌区内旱涝之年增产保丰收，保证了大运河航运、工业及城镇生活用水，通过自流引江水补充沿海垦区灌溉及冲淤用水，而且是实现大运河新时期河道功能多样化转型的基础，为南水北调东线建成完工后，及时补给北方干旱地区农业等基本用水提供可能。

湾头至高旻寺大运河

大运河自湾头流向西南，经黄金坝后向南进入扬州城区段直至瓜洲，全长约30公里。1958年，自邵伯向南开挖大运河新河道直通长江。因此，原自邵伯经茱萸湾曲折绕城而过，通过瓜洲运河至长江的这段河道，现在被扬州人称为"古运河"。这段大运河与扬州城市同生共长，被誉为扬州城的"母亲河"。大运河自扬州城东南穿城而过，沿线历史遗迹星列、人文景观众多。尤其

20世纪30年代扬州古运河中的帆船　王虹军摄

第三章　荟华集瑰、诗魂文脉耀千秋

是在大运河西侧，密布着众多遗产点，如瘦西湖、天宁寺（重宁寺）以及诸多盐商历史遗迹等，它们犹如一颗颗璀璨的明珠，与两岸丰富的民俗文化、多样的市民生活融为一体。

扬州城区段大运河不仅遗产众多，而且水景秀美，扬州三湾（即宝塔湾、新河湾和三湾子），便是其中最具特色的一段。它自文峰塔向南，呈横着的"几"字形。河道曲折，迂回六七里，水面宽阔，流速平缓。从技术角度而言，大运河的开挖者为了消除地面高度差，使大运河的水面保持平缓，采取了延长河道以降低坡度的办法，把这段河道挖得弯弯曲曲，这是中国古代河工的杰出创造。从旅游美学的角度来看，这段弯道给人以特殊的视觉感受：忽远忽近、变化莫测，成为具有审美价值的大运河景观看点。

历史沿革

唐贞元四年（788年）：因"扬州官河淤垫，漕挽堙塞，又侨寄衣冠及工商等多侵衢造宅，行旅拥滞"，淮南节度使杜亚，疏浚官河，自城西引陂水流向城隅，复疏浚陈公塘、勾城塘，建斗门，筑长堤，引水至城内官河，使舟船畅通。

唐宝历二年（826年）：城内官河又复淤塞，输送粮食不便，盐铁使王播为辟水源，又开合渎渠——"自城南阊门西七里港，开河引江水东行屈曲取禅智寺桥，通旧官河，长十九里"。"时扬州城内官河水浅，遇旱即滞漕船。乃奏自城南阊门西七里港开河向东，屈曲取禅智寺桥通旧官河，开凿稍深，舟航易济；所开长一十九里，其工役料度，不破省钱，当使方圆自备，而漕运不阻。后政赖之。"[1]

[1] 《旧唐书》卷168。

天禧四年（1020年）：发运使贾宗开挖近堰漕路，以均水势，拆毁龙舟、新兴、茱萸三堰，开扬州大运河，其线路绕城南接运渠。贾宗云："绕城南者即指（李）重进所筑今城而言。"[1] 贾宗开河接运渠在李重进筑城之后，是绕李重进所筑之城的南侧、东侧而开，因此今扬州城南有大运河由此而始。邗沟称大运河也始见于此。一般认为，如今宝塔湾向北绕城至黄金坝的河段，在唐时已有部分河道

北宋天禧二年（1018年）：江淮发运使贾宗主持开通河道。但有人以为，古籍所载的扬州城区大运河走向，与王播所开七里港雷同，因此推断宋代大运河是在王播所开河道基础上加以疏浚而成。

南宋：漕运停息，忽视堤防，运道便废，河线无变化。

元代：重于海运，河道浅涩。

清代：河线无大的变化。

---

[1] 转引自《扬州水道记》，筑城在周显德六年（959年）。

第一节　清姿曼丽　瘦西湖

瘦西湖

瘦西湖,古称砲山河、保障河、保障湖,位于扬州市西北郊,东起天宁寺,西至瘦西湖景区西门,南起西园曲水丁溪南端,北至蜀冈,水体总长约4.5公里,宽度约13米至116米。整体以水为景观主线,与山体、植被、建筑等景观要素共同构成了互为因借、共成整体、沿湖线性排布的卷轴画式景观。

瘦西湖是扬州城市水系的重要组成部分,其水源于城西诸山,水道从南至北依次沿用明清北城河、宋大城西城河及唐罗城西城河(莲花桥所跨一段为清乾隆二十二年开凿),经人工疏浚、凿通,成为一条连贯的细长又富曲折变化的线形水体。瘦西湖,也是大运河的支流,通过多条河道与大运河相连。北部一支经保障湖(狭义的"保障湖"是指今瘦西湖东北部湖区)、宋夹城河、螺蛳湾桥、古邗沟至黄金坝与大运河交汇。另一支经迎恩桥、漕河至高桥与大运河联通;大虹桥以南,有两条河道与大运河贯通,其中一条几乎与漕河平行,流经新北门桥、天宁门桥、史公桥至便益门与大运河连接;另外一条河道为南北向,经柳湖春泛、二道河、荷花池通大运河。熙春台向西,也有一条河道经丫子桥泵站、宝带河达安墩河后进入大运河。

瘦西湖是大运河上独特的文化景观,是大运河南方地区最具

瘦西湖与古运河水系的关系图

文化特质和最能体现地域审美价值的文化景观。瘦西湖自然清新、古朴典雅,虽为人工,宛自天开。南秀北雄并蓄兼收,其集景式的湖上园林建筑群成为中国湖上园林的杰出代表。从南朝宋开始,人们就利用自然地形，在高低错落的山水之间，或于水中筑土为山，或于水中筑堤，或沿河构筑园林。经过若干年的积淀，湖面脱离了单调的水体景观风格，逐渐形成了更多的艺术节奏和张弛变化，特别是在乾隆下江南期间，盐商们密集地沿湖建造了一系列次第展开的景观元素，造就出"两堤花柳全依水，一路楼台直到山"的中国传统"卷轴画"式园林体验。

瘦西湖景观的营造暗合了"起承转合"的布局章法，运用中国画散点式构图技巧营建空间景观序列，人文景观与自然景观高度结合，形成了一帧水墨淋漓的山水长卷。该景观随河湖水面自然形成的三个转折，构成如下序列：起——御码头文化史迹至西园曲水为欲扬先抑的序幕空间；承——虹桥揽胜至四桥烟雨为画卷崭露气势空间；转——梅岭春深至春台明月为瘦西湖景观高潮空间；合——蜀冈郊野山林景观为落幕散场空间。在整部高潮迭起的画卷中，分别以小金山、五亭桥、熙春台为中心形成最为精彩的三个景观节点，又以吹台、白塔、凫庄、五亭桥单体建筑及水体构成的中部核心景区为整个景观序列的巅峰。三个景观节点与自然地貌的开合精密结合，形成景观形态上的线性轴向控制，并衔接形成连续的景观序列。在经年累月的积淀中形成的这些特色鲜明的经典片段，承载着瘦西湖作为文化遗产地的最具原真性的场所精神。

瘦西湖的重要景观元素

虹桥修禊

虹桥位于扬州城西北大虹桥路与柳湖路交界处，东西跨保障河，东南邻西园曲水，西南接冶春诗社，南与倚虹园遥相呼应，是一座东西跨30米、南北宽7.6米的三孔石拱桥。根据《平山堂图志》《扬州画舫录》等历史文献载述，虹桥原名"红桥"，始建于明崇祯年间，最初为木板桥。乾隆年间，盐商与盐务官员相继维修红桥，改其为石拱桥，称"虹桥"。虹桥因清代王士禛、孔尚任、卢见曾等众多名士先后在此举行"虹桥修禊"雅集活动而极负盛名，对清代扬州文学产生了深远的影响，成为扬州著名的文化圣地。乾隆二十二年（1757年），两淮盐运使卢见曾在虹桥主持规模盛大的修禊活动，各地依韵相和者七千人，编成诗集300余卷，那是一次扬州文化史上人数最多、规模最大的诗歌活动。

现存虹桥为1973年在原址所复建，以扬州城内的古花岗岩砌筑，并沿用了石拱桥的造型，较好地保留了与周边西园曲水、倚虹园、四桥烟雨等园林景观的对景

汪鋆《龙舟竞渡》清同治十二年

长堤春柳

关系，是瘦西湖卷轴画景观中一处重要的景观要素。

长堤春柳

长堤春柳位于虹桥以北的保障河西岸，东与净香园相对，原为徽州盐商吴尊德所建私家园林，清乾隆年间归同知黄为蒲所有。该园以桃花与杨柳相间的植物景观特色著称，特别是在春季，沿湖长堤上桃花争艳、柳树凝烟，相映成趣。根据《平山堂图志》《扬州画舫录》等历史文献载述，长堤除以植被为特色外，沿河布置的园林建筑也颇具风格。长堤两岸由南至北依次建有跨虹阁、浓荫草堂、浮春槛、晓烟亭等建筑。长堤春柳景点北有韩园，清初为韩醉白别墅，转归韩奕后为长堤春柳主人黄为蒲所得，他于岸边土阜上建小山亭，构筑草屋数间为酒肆。韩园北以竹篱与桃花坞相连。

今长堤春柳一景完好保存了沿河岸展开的桃柳景观，南起虹桥，北至桃花坞，沿堤岸遍布柳树、桃花，形成狭长的带状景观。按照黄金分割律，长堤春柳亭被设在长堤三分之一处，为桃红柳绿的长堤增添了情趣，是这段景观的点睛之笔。

小金山

小金山，原名长春岭。岭上种植的植被以梅树最著，故称"梅岭春深"，是清代扬州北郊"二十四景"之一。它位于瘦西湖中五亭桥以东、虹桥以北的水面转折处，是一组建于湖中山形小岛上的园林、寺庙建筑群。

据《扬州画舫录》记载，清乾隆二十二年（1757年），为了打通瘦西湖至大明寺的水上通道，徽州盐商程志铨在瘦西湖之西北开挖了莲花埂新河，挖河的土堆成了一座小山，为"小金山"。

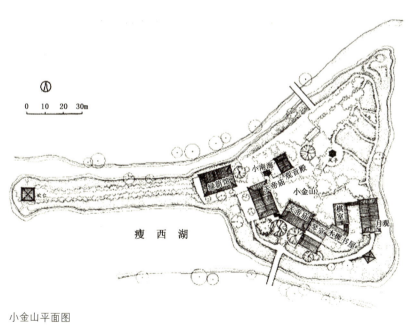

小金山平面图

[1] 引自潘谷西《江南理景艺术》。

小金山风亭[1]

全岛四周环水,水随山转,山因水活,以土堆筑,占地面积8000平方米,土山高12米。现存主要建筑为光绪八年(1882年)重点修复后的遗存,有关帝庙、湖上草堂、绿荫馆、观音殿、小南海、琴室、棋室、木樨书屋、月观、吹台、观自在亭等,另有沟通岛与南北两岸的小虹桥、玉板桥。

小金山,是湖区自然地势的制高点,也是瘦西湖卷轴画景观中浓墨重彩的一笔。其中包含了中国古代传统造园手法中的全部元素,湖、山、岛屿、桥、亭及观台在这个区域得到了全面展现,并在湖面上进行了巧妙的组合与分割。清人沈复称赞这一设计"在此一档,便觉气势紧凑,亦非俗笔"[2]。朱自清称小金山"望水最好,看月也不错"。

吹台又称钓鱼台,相传乾隆曾在此垂钓,故名。它位于绿荫馆西,伸向湖心长渚尽头。亭为四方,重檐斗角黄墙,面东装木刻镂空落地罩阁门,濒湖三面各开圆洞门。亭内悬沙孟海题"吹台"

[1] 引自:潘谷西《江南理景艺术》。
[2] 沈复:《浮生六记》卷4。

茅永宽《雾笼吹台》

匾，外悬刘海粟题"钓鱼台"匾。面吹台偏北而立，西侧有圆门，景收五亭桥；看南侧洞门，映白塔高耸，以门借景，昔有"三星拱照"之称。此台框景艺术为园林界所称道，是造园技艺中运用借景的杰出范例。

莲花桥

莲花桥，又名五亭桥，位于白塔以北，横亘瘦西湖南北两岸，为乾隆二十二年（1757年）巡盐御史高恒为迎接乾隆皇帝游赏而建。

莲花桥由桥墩及五座桥亭组成，桥墩以青石砌筑，南北长58米，东西最宽处19米。该桥受北海五龙亭影响很深。因它没有北海水阔，所以工匠别出蹊径，将亭、桥结合，形成亭桥，并将之分为五亭，群聚于一桥。由三种不同的卷洞联系，桥孔共有十五个，中心桥孔最大，跨度为7.13米，呈大的半圆形，直贯东西。旁边十二桥孔被布置在桥础三面，可通南北，亦呈小的半圆形。桥阶洞则为

在江河湖海之间——大运河扬州段文化遗产

李墅《五亭桥图》

莲花桥立面图

莲花桥

扇形，可通东西。正面望去，连同倒影，形成五孔，大小不一，形状各殊，这样就在厚重的桥基上，安排了空灵的拱券。石桥平面为工字形，四隅建有单檐四方攒尖亭，簇拥正中的重檐四方攒尖亭。桥的造型秀丽，黄瓦朱柱配以白色栏杆，亭内彩绘藻井，富丽堂皇。附近纤细的白塔，一横一竖、一白一彩，水中倒影涟漪，别具特色。莲花桥造型独特，桥墩与桥亭变化丰富，相得益彰，是中国古代桥梁建筑中最具审美特征的优秀作品，曾被中国著名桥梁专家茅以升誉为"中国最秀美的桥"。

白塔

白塔，始建年代不详[1]，清乾隆年间已是湖上一处重要的景观建筑。《扬州画舫录》记载其形制"仿京师万岁山（景山）塔式"，而更显清瘦修长。[2]

[1] 小横香室主人《清朝野史大观》中曾有盐商江春一夜建塔的传说。
[2] 陈从周《园林谈丛》中曾比较北海白塔和扬州白塔，称扬州白塔"比例秀匀，玉立亭亭，晴云临水，有别于北海塔的厚重工稳"。

白塔为砖石结构，外敷白垩，通体皆白，分塔基、塔身、塔刹三部分，总高约28.7米。塔基平面呈方形，高4.5米，边长14.5米。《扬州画舫录》记载白塔建于53级台阶上。1949年后于塔基南侧另筑台阶。基上置方形砖雕须弥座，高3.2米，边长约9.2米，雕刻题材为十二生肖，显示了较高的砖雕工艺。塔身为圆形覆钵，高10米，最粗处直径8米。塔身中部面南开壶门。塔刹高约11米，13层相轮上置六角形宝盖，各角悬风铃。宝盖以上置铜葫芦顶。塔身中空，供奉白衣大士。

白塔

历史沿革

春秋末年：自吴王夫差于蜀冈筑邗城、开邗沟起，蜀冈上已开始有人工建设。南朝宋元嘉（424—453年）徐湛之在广陵修建园林，"起风亭、月观、吹台、琴室，果竹繁茂，花药成行，招集文士，尽游玩之适"。

南朝宋大明（457—464年）：蜀冈上建大明寺。

唐代：于蜀冈下筑罗城，其西护城河即是今瘦西湖春台祝寿以北一段的前身，而位于城中的"保障河"则是今虹桥至小金山一段的前身，是唐代扬州罗城内的重要运输河道。

宋元明时期是瘦西湖景观的重要发展期，沿线建成平山堂、观音寺、莲性寺、天宁寺、虹桥及一些私家园林。五代后周取唐罗城东南角筑周小城，并为北宋三城之一的宋大城沿用。其西城河沿用唐罗城中的保障河。明代又在宋大城的西南角建城，开北护城河，并沿用宋大城西护城河。至明代，虹桥以北的瘦西湖水体已全部成为城郊地带。

北宋：欧阳修于蜀冈上建平山堂，苏轼建谷林堂。

元代：城郊建成莲性寺及少数园林，如已知的倚虹园所在地的元代崔伯亨花园。观音山上已建有寺庙，并以之为基础在明洪武年间建成"功德山"。明代末年虹桥遗址一带建有"红桥"。

清康熙元年（1662年）、三年（1664年）、二十七年（1688年），王士禛、孔尚任相继在城郊的虹桥举行修禊活动，而蜀冈上的平山堂、平远楼等也均由盐商和盐务官员重修或创建，成为城郊两处遥相呼应的文化圣地。

雍正十年（1732年）：疏浚瘦西湖。清康熙、雍正年间，湖上已建有篠园、冶春园、郧园、王洗马园、莲性寺东园、平山堂西园等园林，而莲性寺、天宁寺、大明寺、观音寺、虹桥等景观要素也均在此期间修整完善。

清乾隆年间（1736—1795年）：伴随乾隆皇帝的六次南巡，瘦西湖景观在前代基础上迅速发展成形。首先是乾隆十八至二十一年（1753—1756年），修建天宁寺行宫，成为此后乾隆历次南巡驻跸之处；其次是乾隆二十二年（1757年），两淮盐运使卢见曾在虹桥主持了规模盛大的修禊活动；再次是高恒等巡盐御史于乾隆十五年（1750年）、二十年（1755年）、二十六年（1761年）多次疏浚和清理瘦西湖水体，开辟莲花桥所跨莲花埂新河。盐商和盐务官员在这一线形水体两侧建造景观以供宸赏，至乾隆第四次南巡的乾隆三十年（1765年），包含瘦西湖主要景观要素的北郊"二十四景"已全部建成，形成了"两堤花柳全依水，一路楼台直到山"的卷轴画景观。

瘦西湖景观在随后的嘉庆、道光年间迅速衰败，除少量由僧人看守的园林、寺庙外，多成废墟。清咸丰年间，太平军三次攻入扬州，瘦西湖一带沦为战场，由僧人看守的一些景观也遭毁坏。

同治、光绪年间，以两淮盐运使方浚颐为代表的盐务官员和部分盐商，集资重修了一些重要的景观要素，如平山堂、大明寺、观音寺、小金山、莲花桥、莲性寺、天宁寺、重宁寺等，使瘦西湖景观从嘉庆至咸丰以来的衰败中走出，重新成为扬州城郊的风景区。

民国年间，瘦西湖一带除对莲花桥等已有景观进行修缮外，还陆续兴建了具有传统风格的徐园、凫庄等园林建筑。

20世纪70年代的瘦西湖照片

　　1949年以来：在统筹规划下，瘦西湖景观得以有计划、分步骤的保护和修复。政府多次清淤河道、修缮重点建筑、调整绿化，并加强管理和日常监控，在原址上修复了熙春台、望春楼等重要历史景观。

　　2006年：瘦西湖作为大运河一部分，被国务院公布为第六批全国重点文物保护单位。

价值与功能

瘦西湖，作为扬州城内水系的重要组成部分与大运河紧密相通，可被视为大运河的内城支流；它是整个大运河上独特的文化景观，是运河进入南方地区以后最能体现地域审美价值的文化景观。其景观资源极为丰富，自然风韵古朴典雅，造园手法相互因借，艺术风格兼具南秀北雄的特色，是中国古典园林的杰出代表。瘦西湖又是大运河扬州段流域著名的湖上园林，它的核心景观建设是以康熙、乾隆两代帝王南巡为起因，造园主体是依托大运河盐运而发迹的清代盐商，他们的创业行为、经营活动、审美活动与大运河盐运密不可分。瘦西湖景观在形成和发展过程中，始终贯穿着人们和环境之间存在的人地和谐的互动关系，是将城市景观布局与水体利用充分结合的杰出范例。

瘦西湖，能为传衍至今的或已消逝的文明或文化传统提供独特的或至少是特殊的见证。

瘦西湖丰富的历史文化积淀，印证着大运河沿线乃至国内文化发展的高峰。

瘦西湖是大运河沿线园林景观的杰出代表作，园内文物古迹众多，其中莲花桥、吹台、白塔现为国家级文物保护单位，小金山、徐园、凫庄、大虹桥为市级文物保护单位。扬州地处大运河与长江的交汇处，长期是中国东南沿海地区最重要的商品集散地和中国的经济重镇，发达的经济促进了文化的繁荣。历史上文人雅士云集于此，清朝康熙、乾隆年间，由王士禛、孔尚任、卢见曾先后主持的三次"虹桥修禊"，将中国的修禊雅集传统推到极致。

更兼有杜牧、欧阳修、苏东坡等文化名人任职、唱和于此，为扬州古典园林提供了丰富的精神营养，也留下了众多脍炙人口的篇章。"园林多是宅，车马少于船"、"二十四桥明月夜，玉人何处教吹箫"、"珠帘十里卷春风"、"绿杨城郭是扬州"等数不清的名言佳句流传千古，为瘦西湖增添了诗意。清康熙、乾隆两代帝王先后各六次沿大运河南巡，瘦西湖上形成了"两堤花柳全依水，一路楼台直到山"的盛况。《扬州画舫录》《扬州览胜录》等清代、民国时期历史文献及现存的各种题记、碑文、绘画等对瘦西湖的园林均有详细记载、品述。清代沈复在《浮生六记》中描述："奇思幻想，点缀天然，即阆苑瑶池，琼楼玉宇，谅不过此。其妙处在十余家之园亭合而为一，联络至山，气势俱贯。"

瘦西湖既满足了文人士大夫高层次的精神享受，也是世俗的、现世的、开放的、公共的、市民的、全体社会成员共同参与的公共活动空间。[1]特别是在喜庆佳节、传统节日、宗教节日，群众性的游赏活动在瘦西湖及扬州城区园林表现得更为丰富。明人张岱曾把扬州的清明出游与"西湖春、秦淮夏、虎丘秋"并列，其他三处"皆团簇一块，如画家横披"，唯扬州出游"鱼贯雁比，舒

---

[1] 张岱在《陶庵梦忆》卷5《扬州清明》中记载了扬州人在节日期间的活动情况：扬州清明日，城中男女毕出，家家展墓。虽家有数墓，日必展之。故轻车骏马，箫鼓画船，转折再三，不辞往复。监门小户亦携备楮纸钱，走至墓所。祭毕，则席地饮胙。自钞关南门、古渡桥、天宁寺、平山堂一带，靓妆藻野，袨服缛川。随有货郎，路旁摆设古董古玩并小儿器具。博徒持小机坐空地，左右铺衵衫半臂，纱裙汗帨，铜炉锡注，瓷瓯漆奁，及肩甍鲜鱼、秋梨福橘之属，呼朋引类，以钱掷地，谓之"跌成"；或六或八或十，谓之"六成""八成""十成"焉。百十其处，人环观之。是日，四方流离及徽商西贾、曲中名妓，一切好事之徒，无不咸集。长塘丰草，走马放鹰；高阜平冈，斗鸡蹴鞠；茂林清樾，劈阮弹筝。浪子相扑，童稚纸鸢，老僧因果，瞽者说书，立者林林，蹲者蛰蛰。日暮霞生，车马纷沓。宦门淑秀，车幕尽开，婢媵倦归，山花斜插，臻臻簇簇，夺门而入。余所见者，惟西湖春、秦淮夏、虎丘秋，差足比拟。然彼皆团簇一块，如画家横披；此独鱼贯雁比，舒长且三十里焉，则画家之手卷矣。南宋张择端作《清明上河图》，追摹汴京景物，有西方美人之思，而余目盱盱，能无梦想！

1978年，农民们在瘦西湖湖面上打鱼　茅永宽摄

长且三十里"，犹如"画家之手卷矣"。

隐逸高雅的文人性情与市民精神的结合，呈现出一种浓重的市民社会、大众文化的审美特征，即追求闲适快乐、崇尚现世幸福。这种现世审美精神与由东晋诗人谢灵运开辟的以寻求自然与隐逸、体现"人"的主体性为特征的中国文人的山水审美境界相结合，呈现出更加鲜活的生命力。

瘦西湖景观发展的演变史，伴随着历史城壕到湖上园林的变迁过程，体现人类渴求和平的愿望和对美好生活的向往。

扬州地处"淮南江北海西头"，大运河穿城而过，地理位置重要，自古历来为兵家必争之地。2500年来，扬州城经历了多次战火摧折，仅毁灭性的战争破坏，就达10余次之多，但它又一次次复苏，重新走向繁荣。

扬州西北郊的历史城壕，历经若干朝代的流变，从"保障河"到"瘦西湖"、从用于战争防御的"城壕"到和平美好的湖上园林"景观"的变迁，不仅凝聚着历史发展进程中人类的聪明才智，也体现了东方民族对于战争的厌弃，对于和平、安宁、幸福美好生活的向往追求。这既是中华文明精神内核的一部分，也是人类文明的共同价值观。它既是独特的，又是普世的；既是东方的，又是世界的。

瘦西湖，是一种建筑、建筑整体、技术整体及景观的杰出范例，展现历史上一个或几个重要阶段。

瘦西湖艺术风格，融合南秀北雄于一体

扬州地处交通枢纽，多元文化兼收并蓄，南北建筑艺术相互交融，湖上园林的建筑风格集南秀北雄于一体，既比大运河南段苏式建筑平稳，又比大运河北段建筑轻巧，色彩冷暖相融、浓淡相宜。

瘦西湖湖上园林，既有北方之雄伟，又具南方之秀丽，两者的融合无间，形成了瘦西湖迥异于他处的风采。设计师将各景点互为因借对应，创造出更具个性、和谐、统一的园林空间。这里的亭、台、桥、塔、阁，建筑造型富有地方特色。尤以莲花桥、白塔、吹台堪称典范。莲花桥整座建筑既显北方之雄，亦呈南方之秀，被中国著名桥梁专家茅以升评价为中国最具艺术代表性的桥梁。白塔位于莲花桥南面，仿北京北海白塔而建，与北海白塔的厚重工稳相比，雄壮之气不减，窈窕气质倍增，与瘦西湖景观巧妙地融为一体。钓鱼台三面临湖，四面皆门，妙用亭内两圆门分别嵌入景区代表性建筑莲花桥与白塔，其中莲花桥横卧波光呈正圆，白塔高耸入云呈椭圆，构成一幅巧妙别致的画面，为中国园林借景艺术的经典之作。

瘦西湖中国山水画的空间布局，具有独特的审美价值

瘦西湖的构造，巧妙地利用了地形条件，湖上园林的一山一水曲折逶迤。从天宁寺前御马（码）头至西园曲水为全园的序幕，大虹桥至四桥烟雨一段构筑长堤春柳，渐入高潮。趣园（四桥烟雨）是一面平静开阔的水湾，四周山青水秀，不同体型的建筑和式样各异的小桥组成动人的一角；小金山前构成园景屏障，气势紧凑，水面被分成四支，小金山西侧半虚半实的钓台长渚，将湖光塔影桥姿映入眼帘，景致达到极处；过五亭桥西，水面以堤分割，迂回曲折，野趣横生，经过狭长的水面和两岸涧谷，石壁流淙，似觉已到尽头，但穿过芦荡花屿，在砾石沙洲中作四五折后忽又豁然开朗，隐藏于万松竞翠蜀冈之上的平山堂忽现眼前，令人有"山重水复疑无路，柳暗花明又一村"之感。

第二节　珍馐厚味　盐业历史遗迹

盐业历史遗迹——个园

个园位于扬州市盐阜东路10号,南临东关街历史街区,是清代嘉庆二十三年(1818年)两淮盐业商总黄至筠在明代"寿芝园"旧址上建成的宅园。宅园占地24000平方米,建筑面积近7000平方米,为前宅后园式江南私家园林。个园的住宅部分位于个园南侧,坐北朝南,占地3500余平方米,建筑面积3000平方米。住宅由西、中、东三路建筑组成,前后各三进,各路建筑间以火巷相隔。西路住宅前为清颂堂(大厅),后为两进两层的住宅楼;中路有汉学堂(正厅,又称柏木厅)及后两进住宅;东路有清美堂(前厅)、楠木厅(后厅)、厨房三进;住宅区最南端有门楼及照壁。整体建筑群规模宏大,布局严谨。单体建筑体量宏敞,用料考究,是扬州盛极一时的盐商文化和民居文化的珍贵遗存。园林建筑、植物配置是个园景色的精华,是扬州古典园林艺术的杰出代表。

个园的园林部分,以四季假山为主。春、夏、秋、冬四季假山分别位于园林南部、西北部、东北部及东南部,园林中部辟水池,池南北布置重点建筑宜雨轩和抱山楼,辅以其他景观建筑,再以各类植被点缀其间,构成以四季假山为主题的空间序列。

圆门门额上题"个园"二字,两侧有平台,上植翠竹,竹间

个园夏山

有石笋,象征雨后春笋,是为春山。入门即见太湖石叠筑的花坛,太湖石形态各异,造型别致,酷似十二生肖,构成一幅"百兽闹春图"。迎着园门,有四面厅一座,名宜雨轩,面阔三间,进深七檩,东、南、西三面各有外廊轩。轩西南有角楼、曲廊各一,为觅句廊,是主人寻觅诗句、陶冶情操之所在。

觅句廊向北,是由玲珑剔透的太湖石叠制而成的夏山。山门秀木繁荫,有松如盖。山前有水池,上有曲桥,曲桥一侧,立一形似鱼骨化石的"鱼骨石",高丈余,石身有三大漏孔,最能体现太湖石"漏、透、皱、瘦"的造型艺术特色。过曲桥入洞屋,可见由石隙透入的缕缕阳光。夏季阵阵清风,令人遍体凉爽。池中水清如碧，睡莲争奇斗艳，各色金鱼嬉戏其间。天雨则润水潺潺，夏日则山之四周水气交织，如烟如雾。山顶置一亭，名"鹤亭"，含鹤舞云霄之意。亭旁有一株160年树龄的圆柏，老干虬枝，斜伸水面，势欲凌空，使夏山葱郁之气愈浓。山顶用太湖石叠成几片云块，植古紫藤一枝。夏山的特点是运用"夏云多奇峰"的形象来叠石，通过灰调的石色，绿树披洒的浓荫，山洞的幽深，给人以苍翠欲滴的清凉感觉。向东为一七楹长楼，巍然峙立于夏秋两山之间，从空间连接两山，楼前长廊如臂，拥抱两山于胸前，故名抱山楼。楼下走廊南墙上嵌着刘凤诰撰《个园记》的刻石。

楼东黄石叠山，山石峥嵘，气势雄伟。夕阳斜照，一片金黄，是为秋山。全山立体交通组织极妙，磴道多置洞中，山路崎岖，时洞时天，时壁时崖，引人入胜。秋山分三峰处理，每峰又有各尽其妙之山洞，如中峰就分二洞，下洞如入深山石林，众峰环抱，复置石室，点缀山石案几；中洞称仙人洞，四面凌空，上有飞阁凉亭。登临秋山，在经历了奇峰曲径、石室悬崖之后，见一小阁，此为住秋阁。山腰壁间筑有花池，植百年古柏，攀以凌霄，红花绿叶，凌空垂吊；山下植红枫数株，枫叶似片片晚霞。整个秋山处在黄石与枫叶中。

秋山透迤向南，有宣石（即石英石或雪石）叠山，给人以积雪未化之感，是为冬山。宣石堆成若干只"雪狮"，生动别致。花坛植腊梅数株，地铺白色冰裂纹板石，雪山靠墙墙面上开三排24个尺许大的圆洞，为风音洞，每当北风呼啸，音洞发出哨音，使人工制造的凛冽北风长年不断，增添了冬季的意境。冬山西墙开有两个圆形漏窗，可引隔墙春景入院。冬、春二景既截然分隔

个园秋山

又巧妙连续,表达"冬去春来"之意。整个园林的游览路线呈环形,有春夏秋冬周而复始之妙。

　　个园四季假山,融南北两派叠石技艺于一园,是国内仅有的造园孤例,亦为扬州园林中最具地方特色的一景。分峰用石的四季假山虽各具特色,但又有一气贯注之势,颇能表达出"春山淡冶而如笑,夏山苍翠而如滴,秋山明净而如妆,冬山惨淡而如睡"的诗情画意。

历史沿革[1]

嘉庆二十三年（1818年）：两淮盐总黄至筠在明代寿芝园旧址上建成个园，后卖给李韵亭，李韵亭又将个园正宅以西全部住宅与后园林转卖给徐宝山，而将正宅以东一宅典给张姓。

民国十年（1921年）：徐宝山二夫人孙阆仙将个园花园与住宅卖给蒋遂之。

民国十八年（1929年）：蒋遂之将个园正宅、西副宅（今中路和西路）与花园全部卖给朱瑞徵。后朱瑞徵将最西端两个副宅（即今东关街220号）转卖给大德生药店老板朱柳桥。朱瑞徵对个园进行了较大规模的修缮，部分修缮掺杂了近代装修。后又转归王氏、纪氏。1949年之后，两个副宅交由苏北治淮工程指挥部使用。

1949年：由军队接收，用作荣军学校。

1957年：用作扬州人民委员会文化处、江苏省手工业生产合作联社干部训练班扬州办事处。

1958年：由扬州汽车修理厂使用。

1963年：由扬州博物馆用作博物馆分部。

1966—1976年：用作扬州京剧团、扬州扬剧团宿舍。

1981年10月：由扬州市园林管理处管理。

1982年2月：增开额名为"竹西佳处"的园门，并在夏山和秋山上分别增建了"鹤亭"和"住秋阁"。

1982年3月：公布为江苏省级文物保护单位。

1988年1月：公布为全国重点文物保护单位。

1997年：复建了万竹园，植竹60余种。

[1] 马恒宝主编《扬州盐商建筑》，扬州广陵古籍刻印社，2007年10月。

2002—2005年：个园投入近千万元收回南部住宅，并对内部陈设及门楼、门房进行复建。

2007年2月：被建设部评为首批国家20家重点公园之一。

盐业历史遗迹——何园

何园位于扬州市徐凝门街77号，为清湖北汉黄德道道台、江汉关监督何芷舠在明代双槐园基础上于清同治元年（1862年）开始修建，历时13年建成。占地面积14000多平方米，建筑总面积7000多平方米，建筑部分占全园面积的50%。园林整体收放有度，疏密有致，小中见大，层次分明。何园正门为花园巷南门，现主要入口东门是在园林对外开放时兴建的。东门北侧为花园大门，迎面为砖雕门楼，月洞门上镌刻的"寄啸山庄"门额，是当年园主人亲自题写的园名。何园分东园、西园、园居、片石山房四个部分，各个部分既相对独立，又环环相扣、互相渗透，组成了一个内外有别、居游两便、中西合璧的人居空间。

东园的主要景观为牡丹厅、船厅、贴壁假山，这些是何园的序曲。东园最壮丽的景观，是右边一座长达60多米的贴壁假山，它是江南园林中享有盛名的登楼贴壁山。假山仿佛嵌在墙壁之上，沿墙面走向一路攀援，状若游龙腾蛟，搅动万千气象，把原本封闭压抑的高墙深院，变成了一座抱拥天地自然山川的"城市山林"。贴壁山的山腰里，藏着一条高低盘旋、曲折迂回的石阶小路，一直通往翰林公子读书楼。

转过玲珑剔透的石屏风，首先敞开山门迎客的是牡丹厅，它坐北朝南，面阔三间，进深七檩，单檐歇山顶。它的特色和名称，来自东墙歇山顶上的一幅砖雕山花。牡丹厅北的一座厅堂——船厅，又名桴海轩，在构造装饰上比牡丹厅更精致、更华丽，是东园建筑群中最具创意的构筑。船厅坐北朝南，面阔三间，进深七檩，单檐歇山顶，它的造型像一艘船，周围的地上用鹅卵石、瓦片铺成波光粼粼的水面，正前方一条方石板甬道犹如登船的跳板，厅檐下低低的台阶形似船上的甲板。两旁廊柱上悬挂"月作主人梅作客，花为四壁船为家"的楹联，西侧廊壁间镶嵌着保存完好的苏东坡手书《海市帖》刻石，每一个细节都和船与水有关。中国园林造园艺术中的"旱园水做法"，在这里被运用得炉火纯青。船厅后面西北角上为一座小楼，即为"翰林公子读书楼"。当年何家大公子何声灏在这里三更灯火五更鸡发奋攻读，后来被皇帝钦点翰林，因此得名。

何园的西园相对于东园而言，更能体现何家园林的特色，是园主精心打造的山水空间，其中水心亭、蝴蝶厅、桂花厅、复道回廊为主要景观。

水心亭位于西园的中心位置，切合"水心"之意，它不仅是一座亭，还是一座戏台，可以巧妙借助水面与走廊的回声和光影，在上面演戏拍曲，轻歌曼舞。水池北面是蝴蝶厅（汇胜楼），坐北朝南，面阔五间，进深七檩，单檐歇山顶。楼上收藏古今典籍、名家字画，楼下是主人的宴客场所，厅内墙上装饰有宋苏东坡竹石图、明唐寅花鸟图、清刘墉书法和郑板桥竹石图等木刻壁画。池西桂花厅坐落在山石桂树丛中，面阔三间，进深七檩，单檐歇山顶。

复道回廊是何园特色建筑之冠，享有"天下第一廊"的美誉，建筑专家把它看作立交桥的雏形。从西园看复道回廊是最佳角度，

何园水心亭

回廊全长 1500 多米，它腾挪、缠绕于园中建筑之间，复道凌空，内外分流，回廊曲折，高低错落，构成了园林内部的四通八达之利与回环变化之美，把廊道建筑的功能和魅力，发挥到极致。

从复道曲折南行，便是何园的住宅区——园居部分。何园建筑在继承了中国传统造园艺术精华的同时，汲取西洋建筑要素，成为一个东方传统精神与西方生活观念交相杂糅的园居系统。主要表现在建筑布局上追求变化，不拘一格，没有采用传统中轴线式的横路纵进、前堂后屋形式，而是因地赋形，自成面目。

转过西园湖山，便是赏月楼（何园最佳赏月之处），也叫怡萱楼。它坐北朝南，面阔三间，原是园主人专门为吃斋念佛的母亲建造的居所。楼上平台半出，可凭栏赏月，室内供奉观音，供高堂静修祝祷。复道回廊在怡萱楼再次分流，一条与院中假山石阶组成回环盘旋的上下通道，另一条入怡萱楼通往玉绣楼。

主人居住的玉绣楼，是两栋前后并列的二层住宅楼，共计28间。玉绣楼的主体建筑采用中国传统串楼理念，四周用回廊围成院落。楼内设计采用一梯一户带有拉门隔断的独立套间，与中国住宅传统的厅、厢结构完全不同。房间里点缀着吊灯、壁炉等装饰细节。楼的外立面有白矾石基座、清水磨砖墙壁、灯草对尖灰缝、砖木围栏、如意石踏步等均采用中国传统建筑工艺，而腰头半圆翻窗、纹样飞罩、玻璃内门外加百叶门窗等，则透出一派浓郁的欧式风情，被称之为"洋房"。出玉绣南楼沿复道回廊向东入骑马楼，面阔六间，进深七檩，单檐歇山顶，它是何园的客舍。坐落在全园最南面的楠木厅，又名"与归堂"，它是何园的主堂正厅，也是园主人对外交往的正式场所。

楠木厅向东，南大门东侧，为园林的第四部分——片石山房，这是一座以假山和池水为主，兼有建筑的组合型景观，是何园的高潮部分。入片石山房，过"注雨观瀑"门景，东行有水榭三间静卧波上。主人开轩待客，并别出心裁地设有谜一样的琴、棋、书、画四景。水榭东面是有着400多年历史的"天任馆"，这是大运河扬州段现存最早的明代楠木厅，堪称何园最老的建筑。天任馆西山墙侧有不系舟型半亭，上面置石桌椅，供游人赏景观鱼。厅东面墙上，镌有"片石山房"横排石刻一幅，字体飞动，古色古香。湖山西段有座奇崛兀立的石峰，"甚奇峭，传说为石涛和尚手笔"。[1]它并非自然而超脱自然，出自人工却巧夺天工，峰高9.5米，作傲视群雄状，在江南园林的设计中前无古人。石峰的腹内，藏有石

[1] 钱泳：《履园丛话》。

何园片石山房

室两间,上有凌空栈道,下临瀑布深潭,被人们誉为冠盖园林叠石的"天下第一山"。

历史沿革

何园位于扬州市徐凝门街77号,为清湖北汉黄德道道台、江汉关监督何芷舠在明代双槐园基础上于清同治元年(1862年)开始修建,历时13年建成。

20世纪30年代:何氏后人将何园出售给殷汝耕。

1945年后:"祝同中学"及"淮安中学"在此办学。

1949年后:何园先后成为苏北军区、20速中、10所及723所驻地。

1959年10月:扬州市政府将园林部分交扬州市园林所整修并

对外开放。

1969年3月：扬州无线电厂在此办厂。

1979年3月：扬州市政府将园林部分重新划交扬州市园林处整修，并于1979年5月对外开放。

1982年3月：公布为江苏省级文物保护单位。

1985年9月：住宅部分及片石山房由723所移交给扬州市园林局进行了整修，片石山房经修复后，于1989年10月对外开放。

1988年1月：公布为全国重点文物保护单位。对片石山房进行修复。

1999年：修缮何家祠堂部分。

2002年3月：玉绣楼北楼经维修对外开放。

2002年4月：何氏史料馆对外开放。

2003年3月：修复东二楼、东三楼，玉绣楼南楼经维修对外开放。

2004年4月：根据何家后人回忆恢复骑马楼，使全园1500多米的复道回廊全线贯通，历史旧貌得以恢复。

2005年4月："同仁馆"对外开放。

盐业历史遗迹——汪氏小苑

汪氏小苑地处扬州东圈门历史街区地官14号，占地面积3000平方米，建筑面积1700平方米。小苑的整体布局规整，分为三纵三进，前后中轴贯穿，左右两厢对称，每进门门相对。宅第的四个角落分布着四个花园，住宅与庭院之间，既相互联通，又曲折多变，是大运河沿线颇具代表性的清代建筑。

汪氏小苑正门朝南，东西向4间排列，5架梁式，门楼位置偏

汪氏小苑

东,大门为对开式木门,外加铁皮包镶,钉饰"五福盘寿"图案,旁置汉白玉雕饰石鼓一对,下置木门槛一道。门内,与大门相对的是砖雕福祠。砖雕是由卷草(吉祥草)连绵盘绕至中间形成蝙蝠,取意福到,连年不断。福祠上的飞檐由水磨砖制成,砖檐下的两仿木左楞平浮雕,由拐子龙花锦组饰成,其下仿木作槅扇雕宫式锦。

汪氏小苑建筑主体三纵三进有序排列,东纵第一进为"春晖室",中纵第一进为"树德堂",西纵第一进为"秋嫱轩"。"春晖室"位于汪氏小苑最东首,得阳气之先,采光良好。室内梁柱、卷棚、几案、屏风、花式玻璃以及海梅木、花梨木的壁画边框,用料十分考究。室内一西洋吊灯为德国手工作品。东纵为民国初年扩建,结合了先进的建筑方式和理念,建筑风格体现出中外结合:西式吊灯、推拉门、抽插式玻璃窗,以黄铜包裹门槛及轨道。"树德堂"、"秋娉轩"与"春晖室"功能一致,是接待宾客的地方。"树德堂"内有一道大门隐于中堂画后面,此门平时不开,遇有婚丧嫁娶、嘉宾贵客光临等才会打开。

汪氏小苑第三纵第二进、第三进主要为主人一家的起居室。仆人居室、浴室、书斋、后花厅、轿房等配套设施位于小苑北部,一应俱全。为安全考虑,还建有暗房、暗阁、暗门、暗壁、暗洞、地下室等。

汪氏小苑除建筑外,于厅前屋后的四个角落辟四个小花园,其中西南角为"可栖徛"、西北角为"小苑春深"、东北角为"迎曦",住宅与花园融为一体,既婀娜多姿又曲折多变,与传统扬州园林前宅后园的格局相比,有了明显不同。位置靠北的花园中,"迎曦""小苑春深"为主要园林,以汉白玉月洞门为隔。月门向东石额是隶书"迎曦",意为早晨的太阳从东边升起,阳光缕缕洒入小苑;以月门朝西石额为"小苑春深",字体为楷书。月门两边有水磨砖细花漏窗分隔东西两园。园内曲廊幽榭,翠竹千竿;石峰崛起,古柏参天。

其他两个小园以假山、植物为主,南面花园的地面为花街石景,以鹅卵石配以砖片、瓦片、瓷片,形成吉祥图案。西南角"可栖徛"有设计独到的船厅,巧妙利用地形,形似狭长的细舟。

历史沿革

汪氏小苑的房屋,中纵部分和西纵部分为汪竹铭于清末所购,东纵部分由汪家的4个儿子在民国初期扩建。据考证,修建年代为1935年前后。

2000年:扬州古典建筑工程公司对其进行修缮。

2002年4月18日：汪氏小苑对外开放。

盐业历史遗迹——卢宅

卢绍绪盐商住宅坐落在老城区康山街22号，始建于清光绪二十三年（1897年）。现存建筑前后共九进，占地约5000平方米，由建筑、园林两部分组成。

卢宅南大门为水磨砖雕门楼，精工水磨，出檐重叠，飞挑深远，健劲有致。墙面缀以砖雕，有线刻、浅刻、浅浮雕、深浮雕、镂雕、透雕等雕刻技法。图案有瑞兽、花草、树木、器物、人物、屋宇等，立体感强、内涵丰富、形象生动，寓意吉祥。门旁立浮雕石鼓一对，保存完好。

第一至第七进，皆面阔七间。槅扇精致，硕大方砖铺地，整体厅堂有台阁气象。第一进为倒座楼屋，二进为对厅，三进为庆云堂，四进为淮海厅，五进为兰馨厅，六进与七进为内厅，皆为楼厅、楼室。两旁由厢廊、厢楼前后相接形成回字形串楼。除门楼厅以外，其他厅以当中三厅为主厅，两侧用可开启的屏门壁板或碧纱橱隔扇隔成客厅、书房等。第二进的一侧有一座小型花园。第三进、第四进，天井两侧分布着小型花园，有假山、花草，构思精巧。

宅后为花园，称之"意园"。园南有盝顶六角凉亭一座，在树木衬托下，别有韵味。园北"水面来风"，独立成一座精致的三合院，有书斋和藏书楼两进。藏书楼为明三暗五布局，装修考究，保护完好，是主人读书和会友之所，中有月门通庭院。藏书楼西侧有一架古紫藤，如龙蛇走，枝繁叶茂。馆前有长廊，或倚墙、或穿园，呈半环形围绕中心园区，以隔、掩的手法，于有限的空

卢宅门楼

间展示无限风光。池边廊道设有"美人靠",池中置假山湖石,有暗道将一泓碧水通入馆内院落,有曲水通幽之感。在绿树的掩映下,池水显得古朴而幽雅。

卢宅的墙体全部用青整砖、青灰丝缝扁砖砌到顶,不加粉饰,显其本色。扬州人称之"清水货砖墙",有扬州砌墙的传统特色。卢宅用砖是特别烧制的,比寻常人家砌墙用砖厚实,墙宽达0.42米。墙体不但厚实,而且高耸,檐墙达6米多高,楼室山墙顶高达12.2米。从南檐墙角沿着山墙抬头纵观蜿蜒深远的高墙大屋,给人一种森严不尽、宛如城郭之感。高耸的墙体不但显示卢氏之富有,还具有防盗与防火的实用功能。

历史沿革

清光绪二十三年(1897年):盐商卢绍绪购得康山街南北空

地两块，在北面建造宅园，耗银7万多两，耗时3年建成。街南空地4亩，南接城墙。沿大宅照壁西首有平房4间及走廊，其南后建有平房8间。

1913年：卢宅被一分为二，由卢氏后人分别继承并陆续转卖。

1949年后：卢宅由军队使用。

1958年后：卢宅先后被扬州火柴厂、制药厂、食品厂使用。

1981年：遭火，毁照厅、楠木大厅、二厅、女厅四进房屋。

2004年起对卢宅进行修缮，2006年修缮完毕，卢宅作为扬州淮扬菜博物馆对外开放。

盐业历史遗迹——汪鲁门

汪泳沂（字鲁门）住宅位于大运河边南河下170号，始建于清光绪年间（1875—1908年），建筑面积1700多平方米，布局规整严谨，体量宏大，用料考究，装修精致。现存建筑面阔三间，在同一中轴线上，前后九进，分别为门楼、大厅、二厅、住宅楼等，总长115米。

门楼为水磨砖门楼，第二进连门楼上下8间，楼上朝北置一步廊，设木栏杆、槁扇。天井内青石板地面，有砖雕福祠一座。东首朝南火巷磨砖嵌框门一道，巷宽2.1米，比寻常人家火巷宽近一倍。西首水磨砖对缝仪门一道，门净宽1.96米，净高2.46米，上为水。

磨砖匾墙，屋檐为三飞式水磨砖砖檐。门侧石雕厚实，有白矾石石鼓一对，门角砖雕雀替"书琴诗画"。厚重墨漆的对开大门上有铁皮包镶钉饰的吉祥图案。入内置雕花菱角轩照厅3间，左右设厢房。

第三进是面南大厅 3 楹，是扬州现存盐商住宅中体量最大、最完整的楠木大厅。屋架结构全为楠木，做工精细，雕刻精美，壮观华丽，面积为 222.09 平方米。厅檐高 4.9 米，前置廊轩，轩梁两头缕雕，轩桁成双，三弯船篷方椽。厅内有直径 60 厘米的四界大梁，大梁与山界梁之间坐斗施高浮雕蝙蝠一对，梁垫、峰头皆施浮雕，脊柱上，抱梁楠木方椽上雕

汪鲁门

蝙蝠流云。楠木柱径达 35 厘米，鼓磴为白矾石石雕，石磉底方上圆，收分线脚两道，有天圆地方之意。地面为 0.7 米 × 0.7 米水磨方砖铺地。阶沿石、天井地面皆以白矾石铺就，厅堂呈原木本色，不施油漆。

楠木大厅后有腰门一道，内为第四进楼厅，楼厅面阔三间，楼下南面置廊轩，并施木雕点缀，楼上置步廊。构架取材杉木，制作成方柱、方梁、柱下鼓磴、磉石也是方形，称为方楼厅。楼厅后接倒坐楼厅三间，上下共六间，为第五进，左右各套厢楼以供上下，楼上前后置葵式万川木栏杆，楼上步廊地板面上再铺方型磨砖，楼下天井二方，后几进格局与前同。从第四进到第八进有走廊相连，称为"串楼"，楼下有腰门相通。

165

历史沿革

汪鲁门住宅始建于清代光绪年间（1875—1908 年）：原房主为刘赓唐。

民国八年（1919 年）：汪氏以大洋 9750 元加盐 5500 两（约 172 公斤，从刘氏手中购得汪鲁门住宅。

1949 年后：用作扬州医药公司仓库，第九进楼房及厢楼被拆，改为平房 4 间，做厨房使用。

1962 年：汪鲁门住宅内楠木大厅被公布为市级文物保护单位。

1982 年：被整体公布为扬州市文物保护单位。

2002 年：汪鲁门被公布为江苏省文物保护单位。

2007 年：扬州市建设局对汪鲁门住宅建筑主体部分进行修缮。

盐业历史遗迹——盐宗庙

盐宗庙位于扬州市区康山街 20 号，占地面积约 400 平方米，建筑面积 280 平方米。东、南临大运河，西侧有何园、卢宅等文物古迹，北侧为天主教堂。盐宗庙是大运河沿线仅有的行业神庙，主祭盐宗夙沙氏、陪祀盐商鼻祖胶鬲和贤相管仲，丰富了扬州盐业遗存，证明了扬州盐业在大运河发展中的重要地位。

现有建筑前后三进，分别为门厅、二厅、祠堂，皆面阔三间，共 9 间 2 廊。大门坐北朝南，墙面堪为精工考究，水磨砖对缝、整砖砌筑，两侧水磨砖砌凹圆式砖柱直抵檐口，墙砖柱线清晰，做工地道，砖柱下置汉白玉柱磉石，精工细腻。门上口砖嵌额枋砖雕，中间砖雕弧形锦袱（俗称包袱状）"卍"字锦连绵不断，两端亦有砖雕"卍"字锦。匾墙镗内两侧嵌水磨砖六角锦，做工精细，中嵌 2 米 ×0.8 米汉白玉石额一块，浅刻"盐宗庙"三个楷书大字。匾墙上口为仿木水磨砖飞檐，分别为仿斗栱式、檐椽、飞椽3层，错落有致。大门两次间朝南墙面用青整砖以"三横一丁"[1]砌法砌成。墙檐下以水磨砖抛方砖贴面，其上檐口砌三飞式水磨砖条砖飞檐。

第二进是2厅，两次间墙壁嵌条砖边框，墙头尚依稀可见残缺砖雕，梁架满施彩绘，大梁用斗栱结构。过2厅，天井宽敞，青石板铺地。第三进为祠堂，旁翼走廊拱卫，堂前一块颇大的青色阶沿石横卧，长达4.5米，宽60厘米，厚25厘米。西廊墙壁上刻有祭盐宗文。祠堂高敞，屋檐口出檐椽上叠铺飞椽，使之出檐更加深远。屋面坡度曲缓，屋顶颇陡峭，堂柱下鼓蹬古拙，圆木柱粗实，梁架用料考究，檐桁彩绘清晰可见，图案精美，工艺精湛。整体祠堂建筑有轩俊庄严之势。

历史沿革

盐宗庙，系同治十二年（1873年）由两淮盐商捐建，原有殿宇5进，庙后还有戏台。

清朝重臣曾国藩在1872年去世，病故于两江总督兼两淮盐政任上。根据同治皇帝"立功省分，并著准其一并建祠"的旨意，盐宗庙于1874年改祀曾国藩，更名为"曾公祠"。

1966—1976年：为保护曾公祠，曾在原砖雕、门额上涂上封泥。

2006年：扬州市政府筹措资金，对其进行全面修缮、恢复，盐宗庙和曾公祠合而为一。

2007年4月：对外开放。

[1] 马恒宝主编《扬州盐商建筑》，扬州广陵古籍刻印社，2007年10月。

2008年：公布为市级文物保护单位。

盐业历史遗迹——两淮都转盐运使司衙署门厅

两淮都转盐运使司衙署位于国庆北路255号，坐西朝东。现仅存门厅，悬山结构盖筒瓦，面阔三间，14.4米，进深5檩，6.3米，脊高7.7米。门厅两侧筑有八字墙，门前有石狮一对。此建筑除屋脊有所改动外，其他基本保持了原貌。

咸丰初年，太平军占领扬州，衙署毁于兵火。同治年间（1862—1874年），盐运使方浚颐于原址重建，现存门厅即为其遗迹。1949年后，两淮都转盐运使司衙署成为扬州行署的办公地点。自辛亥革命以后，衙署内的建筑逐渐被拆除、改建，目前仅剩门厅。

历史沿革

盐运使是中国古代的官名，始置于元代，称为都转盐运使司，

两淮都转盐运使司衙署门厅

简称"运司"。在主要产盐地区，两淮、两浙、福建等都设有转盐运使司。明清时两淮都转盐运使司管辖两淮（北接山东，南界两浙，全国盐场之冠）盐务，具体掌管食盐运销、征课、钱粮支兑拨斛以及属地私盐案件、缉私考核等。下辖泰州、淮安、通州三分司。

两淮都转盐运使司衙署门前旧为运司街（今国庆路），八字门前有东西辕门，南北牌楼，对面有照壁，另有东圈门、南圈门、北圈门如三星拱卫。门厅内建仪门，后有大堂、二堂、三堂、景贤楼、清燕堂及银库、内宅等。清代所增建的题谋馆、苏亭、仪董轩，现皆已不存。

1982 年：公布为市级文物保护单位。

2001 年：对衙署门厅进行了大修。

盐业历史遗迹——两淮盐务稽核所

两淮盐务稽核所（办公楼）

两淮盐务稽核所办公楼，位于文昌中路 22 号老市政府办公大院内。两淮盐务稽核所是地方政府官员、外籍人士共同参与管理地方盐政，担负征收、存储盐税收入的机构。1913 年，中国政府在北京设立盐务署，署内设立盐务稽核总所。之后，各产盐地区纷纷设立盐务稽核分所。两淮盐务稽核所，就是扬州作为当时重要的盐务管理区域，记录民国时期中央政府盐务政策的特殊见证。

两淮盐务稽核所办公楼为两层洋楼，尊重和延续了中国建筑"坐北朝南"的传统格局理念。总体布局呈正方形，以面南正门和花窗为中心，两侧依次排布。门窗形制具西式风格，正门为独立的单式拱门，窗户为拱形木窗。人字形红瓦屋顶、墙体为米黄

两淮盐务稽核所办公楼

两淮盐务稽核所办公楼(局部)

色主调配以红色。其中罗马柱状深浮雕、水纹形浅浮雕等,都具有西洋风格。整幢建筑,是民国时期近代建筑中西合璧的产物,具独特韵味。

历史沿革

两淮盐务稽核所办公楼建于民国十年(1921年),是美国人利用盐业税款聘请宁波工匠设计建造的。

1937年至1945年期间:为侵华日军占用。

1949年后:为苏北行政总

署办公场所。

20世纪90年代后：先后用作扬州物价局、统计局的办公场所。

1998年至今：为扬州市质监局办公场所。[1]

两淮盐务稽核所（别墅）

两淮盐务稽核所别墅位于淮海路33号，占地面积6000多平方米，建筑面积约420平方米。主体建筑为西式建筑。第一层和第二层为主要活动场所，第三层为阁楼，用作客厅、卧室、办公用房，还有洗漱间、卫生间、壁炉等设施，另在楼房后建配套房若干。楼前有一片草坪，周围栽植四时花木，并有奇花异草点缀其间。

两淮盐务稽核所（别墅）的主体建筑呈四方形，南面中部建筑凸出"四方形"边线外，为主入口，立面具有明确的垂直轴线，确定了建筑的主从关系。因其外观为红色砖瓦结构，故被称为"红楼"。该建筑正面朝南，红瓦坡顶，黄色外墙与灰色的屋顶檐线和外墙腰线相互映衬，相得益彰。从正面看去，楼为两层。底层前面有凸出的露台，3座半圆形拱门分布其前，有回廊环绕。花瓶式灰色水泥栏杆穿插、贯通其中。二楼并列分布着3个面南的大方窗，造型美观、结构对称。[2]从正面拱门进入，是一个袖珍式客厅，地面为红漆实木地板，稍北有宽大的木制楼梯通向二楼。在底层北面，还有一部狭小的楼梯曲折向上，也可通达每个房间，是整幢建筑的辅助楼梯。二楼继续上攀，可达三楼，现为小型会

[1] 丁长青：《盐务稽核所始末》，《近代史研究》，1994年2期。
[2] 程裕祥：《老建筑"红楼"史话》，《扬州晚报》，2008年12月5日。

议室。楼上楼下，被分隔成若干大小房间，当年应各有用途。整个建筑保持着原有的形制结构。

历史沿革

1921年：美国人利用盐业税款聘请宁波工匠设计建造，以供两淮盐务稽核所外籍人士居住。

1927年7月：财政部将包括两淮盐务稽核所在内的各地稽核分所停闭。

1928年1月：在南京设立盐务稽核总所，并重新恢复各地稽核所职能。

1942年：盐务机构改革后的盐务稽核所机构撤销。

1937年至1945年：侵华日军将此地用作"苏北宪兵司令部"，内部设施受到破坏。

1945年11月：中国军队接收了该建筑。

1949年后：扬州中学以此作为教工宿舍，不久转为苏北区党委使用。

1952年：改为大汪边招待所。

1953年：更名为"江苏省交际处扬州招待所"。

1982年7月：改为扬州市老干部局办公地。

2005年：修缮后移交扬州市规划局作办公地。

价值与功能

大运河文明衍生的盐商住宅、园林、宗庙、盐业等管理机构的历史遗迹，是与大运河提供的地理、交通、经济与文化相联系，从关系大运河扬州段命运、人类生存的"盐"的视角着眼，将中国古代贸易、居住、休闲、文化融为一体，以住宅、园林、祠庙遗迹、风景名胜为表现方式，与大运河流经、贯穿区域的其他同类遗存一起，形成了中国古代大运河文明核心区的历史见证，是明清时期"大一统"的中国封建王朝南北经济交融的重要历史证据，在漫长历史岁月中形成了内河型的历史生活特征，彰显了特定历史时期的文明特点和社会文化的多样性。

  扬州盐业历史遗迹是见证18—19世纪东方农耕经济时代，大运河沿线城市作为商业大都市一度繁荣兴盛的景观杰作。是中国长达两千余年的封建社会中罕见的商业社会生态的真实写照和缩影，是东方传统农耕社会最后的巅峰时期所孕育的灿烂的商业文明存留至今的最为重要的见证。扬州盐商住宅、园林等系在短时间内聚集人力、运用财力形成，见证了清代帝国前期大运河沿线发达的盐业经济所带来的高度商业文明和盐商资本集团财富集聚对社会文化振兴和城市建设发展所作出的特殊贡献，集中体现了盐业经济与国家政治、经济、社会、文化的重大关系，承载了这一时期盐业经济和盐商资本集团支撑中国封建集权统治大厦的历史事实。18—19世纪盐业经济成为国家经济命脉，徽州盐商及时控制利用盐业专卖垄断权，依托运河城市扬州便利的水运条件，以东方儒家伦理方式经营盐业，使扬州一度成为大运河沿线，乃至全国的盐业贸易中心城市，形成了以盐业经济为支柱产业的盐商社会生态和商业经济形态，建造了规模巨大的盐商宅园建筑群和令人叹为观止的扬州园林盛景，并对清代扬州城的社会生态、建设格局和居民生活产生了直接的影响。扬州盐业历史遗迹折射出了移居到扬州的徽州盐商无与伦比的富庶和雄厚资本，徽州盐商这个东方商人群体在他们的发迹地扬州创造了一座城市经济的高度繁荣，也映射出大运河城市的繁华，并通过以造园为代表的建设活动，引领了一个时代的文化风尚。

扬州盐业历史遗迹以其完整的空间格局和高密度的景观建筑遗存给今世，见证了中国传统商人"贾而好儒"的价值取向，体现了对"万般皆下品，唯有读书高"的人生信条的恪守和"诗书传家"的传统理想的追求。他们在建筑景观的规划设计和布局营造方面充分遵循儒家的礼制传统、礼乐文化和伦理观念。徽州盐商为愉悦身心、回归自然、寄情山水、追求文人士大夫生活方式的目的而建造的私家园林，也是徽商结交官府和交游文士的重要场所。清代康熙、乾隆两代帝王历次南巡，官商士绅为接驾而大兴土木竞相建造行宫和园林"增荣饰观"，体现了儒家文化对皇权的信奉和崇尚，表明了他们灵魂深处强烈的儒家"入仕"情结。扬州盐业历史遗迹的形成，与清初弥漫大运河南部地区的重商思潮有着千丝万缕的联系，但还有更深层次的原因促使"儒""商"结合。经济资本的累积使商人阶层的社会地位日益提升，他们希求摆脱"趋利忘义"的传统窠臼和"无商不奸"的世俗偏见，他们追求自身的社会价值，并竭力争取与士人平等的社会地位。这群素有较高文化内涵的商人们以儒家价值观为基调和行为准则，长袖善舞，在进退之间渐致盈余，积累起万贯家财，并且在大规模的住宅、园林的营造中将江南诗性文化完美演绎。他们逐渐模糊了儒贾之间的职业差别，达到了儒贾相通的效果，以对社会的贡献提高了自身在传统中国社会的地位和人生价值，改写了商人在中国传统文化中的形象和影响，颠覆了商人集团在士农工商中的卑微地位。

盐业历史遗迹，是一种建筑、建筑整体、技术整体及景观的杰出范例，展现历史上一个（或几个）重要阶段。

扬州地处东西长江与南北运河交通大动脉交汇处，自明至清，私行商旅，物资集散，盐业兴盛，因盐商繁富而冠盖东南。他们不惜重金争相造屋构园，清帝康熙、乾隆的多次"巡幸"更促使这种造园行为登峰造极，造就了东来西去、南下北上的建筑匠师的技艺交流。扬州盐商住宅是中国古典园林中将南方秀美、小巧、温润的建筑风格与北方雄巨、宏丽、壮观的景观个性交错融合的杰出范例，表现为造屋规整、构园精巧、雅健明秀、不变中有变的独特成就与风格。建筑外观一般为青砖黛瓦，清水原色，以工整见长，见雄宏古朴，与江南民居外观粉墙黛瓦，黑白相间，轻盈简约的风格有明显区别，是南北造园观念渗透、技法交流、工艺融合的典型例证。正如全国著名古建园林专家陈从周教授所言，"已成为研究我国传统建筑的一个重要地区，在我国建筑史上具有重要的价值"。

扬州以中为轴、层层递进的"深宅大院"式盐商住宅把中国建筑居中、对称，层级纵深的传统理念演绎得更加形象、生动，体现了大运河沿线中国政治文化体系中尊卑长幼的社会秩序所具备的稳定、中庸、内敛、保守的内在特质。建筑本体之外的园林又体现盐商文人化的思想追求和艺术情趣，住宅内的园林部分依山范水，师法自然，建筑和周围山川景物、地理形势融合无间，让水土成为建筑的有机部分，让建筑浑融而化入山川，若隐若现地揭示着"天人合一"的思想关联。这些天才的创作如个园四季假山、何院的片石山房等景观，以其独特的叠石技法、精巧的山水布局、叹为观止的视觉冲击，成为盐商遗迹中独一无二的杰作。另一方面，扬州盐商建筑在以中国常见建造方式的基础上，也吸纳了西方的建筑理念，有的建筑在布局上脱开传统横路纵进、前堂后屋的排列格局，采用西方强调单体几何构图、建筑随意性的特质，因地赋形，将花园分布在实用性较强的位置；另外，对单体建筑的各个元素予以关照，按照西式的笔触对建筑细部进行描摹，个园、何园、汪氏小苑等住宅都或多或少地包含了中西合璧的技术成分，包括建筑的整体风格、装饰性的小木作、功能性的房间、摆件的细节等。

作为新兴的商业，以市民阶层价值为审美趣味为代表的扬州盐商住宅及园林，成为自18世纪以来与中国文人园林（苏州园林为代表）、皇家园林（北京颐和园、承德避暑山庄为代表）相颉颃的三大园林流派，其影响波及东南亚以及欧美。

第三节　层叠代垒　扬州城遗址

扬州城遗址

扬州城遗址是目前国内保存较好的古城遗址之一。隋、唐、宋时期的城池相互叠压，地面水系较为完整。历史、科学、艺术价值极高，内涵极为丰富。1987年以来，经过科学、系统的考古勘探和发掘，基本查清了隋、唐、宋扬州城遗址的规模、布局、建城年代及其沿革关系。

隋代扬州城位于蜀冈之上，系利用汉广陵城基础修筑而成，由隋江都宫城、东城组成。经考古调查发现，江都城、东城被叠压在唐子城遗址之下。

唐代扬州城由子城和罗城两部分组成。子城利用隋江都宫城、东城修筑，平面呈不规整的多边形。罗城在蜀冈之下，于唐代中期扩建。沟通四座城门的城内道路与四周城壕仍然存在。局部城垣保存高度约10米，城垣为土筑，城门及城墙转角处有包砖，城外有城壕。子城四面各开一门，城内设十字大街贯通城门，子城城墙、角楼、城河、城门、城内道路等遗址，保存均较为完整。

唐子城夯土城墙现高出地面2—10米，墙基宽30—40米，保存较为完好；罗城基本上为现代扬州城叠压，地表保留了部分城垣遗迹。其中北墙在铁佛寺至东风砖瓦厂之间保存有夯土城墙，高出现地面约2米，西城墙在观音山下还保存一段，长约50米，高出现地面 1—4 米。

唐子城夯土城墙的西南角、西北角、东北角现仍保存着很高的角楼基础，高出地面 5—10 米。西南角现为观音山禅寺，西北角和东北角上部植有树木。

唐子城共有 4 座城门，南门为主城门，地下的城门遗迹保存较好。北门、西华门、东华门现均已不存，城墙上仍保留着城门豁口。西华门外保存有瓮城形制与规模，城垣残高有 5 米，城外有壕。罗城的南门（汶河路南）、西门（农学院、农校二处）地上、地下均有遗迹，并有瓮城设施。

子城东、西、南、北城墙外为城河。城河绕城而设，与城墙平行，相距 10 余米。现护城河保存仍然较为完整，宽 70—100 余米不等。罗城的东南以大运河为护城河，保存宽度约 70 米；西护城河为蒿草河，保存宽度约 20 米；北段在瘦西湖公园内，今为熙春台到平山堂下的游览线路。

子城内有东西、南北道路两条，呈十字交叉，连接四座城门。东西路全长 1860 米，宽 11 米；南北路全长 1400 米，宽 10 米，十字道路位于现地表以下 1 米多处。罗城内有南北路三条、东西路两条。南北路最东一条由北门笔直通向埂子街南门，全长 2500 米，宽 8 米；中间一条与扬州市区南门大街、北门大街相吻合；最西一条北起子城南门、南到童家套，全长 1300 米，宽 5 米。东西路一条由农学院西门向东至缺口东门，另一条由农校西门向东至化工学校东门，全长 3040 米，宽 10 米。

罗城内河道纵横，大运河穿城而过，由蜀冈下子城东南角，向南经凤凰桥、北门外街、北门街和南门街西侧，从南水门流出，此河亦为宋明市河的前身，于20世纪50年代被填，成为汶河路。

罗城内桥梁极多，著名的有二十四桥。根据考古调查推测，二十四桥桥址均在，如顾家桥、通泗桥、小市桥、开明桥等。2002年3月，发掘了下马桥、洗马桥等遗址。

宋代扬州有3座城池，即宋大城、宝祐城、夹城。宋大城沿袭了五代周小城。宝祐城修筑于南宋宝祐年间，周长5000米，利用唐子城西半部、截去东半部修筑而成，面积约为子城的一半。夹城筑于南宋绍兴年间，连接大城与宝祐城，周长2700米。

宋大城沿袭了五代后周所筑的"周小城"西界和北界，从唐罗城的位置上分别内收。宋大城城墙在苏北人民医院西侧和广陵区党校附近仍可见。宋城夯土城墙大部分埋藏在地下，其上现为绿化带，少部分城墙上叠压有现代建筑。宋宝祐城、夹城地面遗迹清晰可辨。

宋大城西门、东门等地面均有遗迹。西门已发掘并建立遗址博物馆，南门、东门、北门也相继进行或正在进行考古发掘。

宋大城东、南护城河为大运河；西城河亦称头道河，大部分于20世纪70年代被填；北城河东段称漕河，西段与瘦西湖公园北部河道相连。

明清城在唐、宋城遗址范围内，以小秦淮河为界分为新旧城，呈现出东市西府的双城格局。河西旧城由于政治、军事的需要，街巷排列有序、主次分明、纵横严谨，与城内衙署、军事设施相呼应，局部街巷保留了唐代的里坊格局。河东新城为明代后期所建，并形成了完整格局，清代富商云集，会馆园林密集，商业繁荣，市井兴旺，街巷体系呈自由随意状态。明清城现基本保存了较好的历史风貌，现有东关街、仁丰里、湾子街、南河下 4 个历史文化保护区。街区内保存有各级各类文物保护单位 120 余处，传统民居 500 余处。

南门遗址

南门遗址位于南通西路与南门外街交会处，建筑遗址内容十分丰富，具有较为完整的唐宋时期瓮城遗迹。这些遗迹地层叠压关系清楚，时代特征明显，经唐、宋、元、明、清各个历史时期，历 1200 余年，是扬州古代城门发展历史的一个缩影。其历史沿革之长在中国古城门遗址中也实属罕见。

唐代南门瓮城明确显示为两期，第一期的瓮城，内平面形状近方形，外拐角为圆弧形。本期瓮城的西墙和南墙被唐代第二期瓮城包砖墙包在墙内，门道和瓮城东墙可能在唐代第二期南门修建时被破坏。

第二期的南门和瓮城是整个南门遗址中保存最为完好的一期，主城墙南缘包砖墙、瓮城墙及其内外包砖墙等的基础部分均保存较好。瓮城内平面形状略呈西宽东窄、北宽南窄的扁方形，瓮城外形状近似"凸"字形。东墙、西墙的南端各自分别向外凸出，且基本对称。此期的瓮城内主城墙南缘中间部分、瓮城门道部分分别被北宋——明清的主城门和瓮城门道叠压。瓮城西墙以西还显露出了与城墙相连的水门以东的包砖墙，包砖墙厚度、用砖规格等与瓮城城墙相同。

五代到北宋初期继续沿用并修缮了唐代南门，五代时局部修缮了南门，所用城砖规格较晚唐城砖大。有"迎銮"铭文的大砖可以确定是五代杨吴时期所烧造。

北宋前期，瓮城外墙基本沿用唐代瓮城外墙，但在唐代水门东边的包砖墙以南再次修筑了与前期形制相同的包砖墙，并将原来的唐代遗迹包在了夯土之内。

北宋晚期，唐代第二期瓮城西墙外侧包砖墙倒塌，以唐代第一期瓮城西墙外侧包砖墙为基础，重新修砌了瓮城西墙和南墙的外包砖墙，瓮城外包砖墙为直线状，故外拐角改为方角；瓮城内则堆砌抬高地面，重新修建了主城门。露道均用楔形砖铺成，宽度不统一，出主城门露道和瓮城门露道中间的露道部分为弧形。两宋之交时又对南门进行了修缮。其后的又一期瓮城南墙包砖墙，是用长41—42厘米、宽19.5厘米、厚8.5厘米的大砖再次在瓮城南墙南部外包，并向西加厚了瓮城西墙。

明代进行了一次较大规模的修葺，主要是加厚了瓮城南墙，抬高了地面，并重修了主门道、瓮城门道、瓮城内外的露道和铺砖面等，显露出来的主门道和瓮城南墙内侧局部残存的包砖墙均用石灰膏作黏合剂。

最后一期是清代的南门，因近现代破坏严重，目前清代南门仅存主门道处的道路和门槛石及东侧门砧石等。清代道路出主城门后为东北—西南走向，表明瓮城门位置与前代不同。[1]

南门遗址南侧是唐代新开、宋代改建，沿着唐罗城南墙东去，再沿罗城东墙北上的大运河。自唐至清，大运河同时承担了扬州城池东侧和南侧护城河的功能。

2010年9月，政府建成开放南门遗址公园，修建遗址本体保

---

[1] 王勤金：《扬州古城南门遗址的发现和发掘述要》，《扬州师范学院学报》，1986年2期。

南门遗址

护展示馆,重新解读了"中国城门通史"的历史价值和科学价值。

东门遗址

东门遗址位于东关街与新古一巷交会口处。通过考古发掘所揭示的遗迹叠压关系来看,该城门始建于唐代,经历了唐、五代、北宋、南宋和元代,到了明清时期,城门虽然东移到今泰州路上,但城门位置还在一条东西中轴线上。现揭示的是南宋时期的城门遗迹,主要由主城门、城墙、瓮城、城壕等组成。

唐代主城墙被叠压在五代和两宋时期的门址之下。五代时期的城墙较之唐代向东移了约2米,城墙包砖延伸到了宋代城墙包砖之下。北宋城墙外侧包砖在五代城墙外包砖的基础上又向内收缩了约1.2米。南宋时期主城墙在北宋城墙的基础上向东加宽了约80厘米。包砖采用"露齿龈"做法,砌砖之间用加糯米汁的石灰膏黏合。

北宋时期的主门道仅揭露了东部，门道两侧为砖砌边壁，叠压在五代时期的砌砖之上。主门道内的两块方形门砧石南北对应，上有边长28厘米的方孔。

南宋时期对东门进行了改建和扩建，其城门结构布局为一门一洞，主城门门道也在北宋城门的基础上向内收缩，形成了宽4.1米的主城门。揭露出来的南宋主城门东部东西约7.2米，门道两侧边壁为砖砌直立壁面，与城墙外侧包砖不同。

城外设有瓮城、城壕和吊桥。瓮城的出城门道开设在瓮城南侧中部，出城后的道路走向是沿着瓮城向东、转北再折东，经吊桥出城。出城道路和吊桥的基础现均保存较好。

瓮城位于主城门东侧，南墙上辟有一便门。瓮城内略呈梯形，城墙均由夯土夯筑而成，仅基础部分保存较好。城墙均内外两面包砖。包砖大多无存，但基槽清晰。瓮城内地面铺砖为平砖错缝顺铺，铺砖之间不见有黏合剂。

瓮城外为一东西23米、南北约60米的平台，平台高于东侧的城壕约5.4米，形成一个临城壕的台地。台地上有出城露道、便道等，台地地面分为铺砖地面和素土地面。在台地的西北边，沿城壕边缘用全砖护岸。台地西、南、北面为城壕，东临大运河，台地被城壕和大运河环绕，成为水中环岛。

瓮城台地东侧的城壕，只发掘清理了瓮城中轴线附近的部分。清理出来的城壕部分，平面呈亚腰形。在和主城门东西大致对应的部位城壕收缩至最窄，形成南北长5.3米、东西宽约4米的狭窄空间。在瓮城台地和城壕东侧的东台地的外边，都设有防止水流冲刷的砌砖护岸，护岸的砌砖分为中间的直立壁面和南北两侧的斜坡壁面。直立壁面的平面为"〕〔"形，位于瓮城中线附近。壁面砌砖严整，拐角处用砖为专门加工而成的异型砖。在砌砖之下，发现有3层砌石基础。护岸的斜坡壁面部分呈平直的弧状，城壕南北两端与东侧的大运河连通[1]。

2006年，扬州市政府建设东门遗址公园，2009年参照宋代《营造法式》的做法，复建宋大城东门的局部城墙和门楼，门道原址得以保护。

西门遗址

西门遗址位于扬州市四望亭路，城门始建于五代后周，历经北宋、南宋一直沿用到清代。其中北宋时期的西门，为中国目前发现最早的砖砌券顶式城门。门址根据使用年代可分为四期。

五代时期的门址由城墙、马面、城门和道路组成。平面布局呈"凹"字形。城墙墙基宽15米，残高0.3—2.8米，墙体为夯筑，两侧包砖。两座马面位于城门南北两侧，与城墙连为一体。北侧马面南北长15.8米、东西宽9.6米；南侧马面南北长15.4米、东西宽9.3米。马面的营造方式与城墙相同。城门为单门道结构，长15米、宽5.7米。

北宋时期的门址可分为早、晚两期。

早期城门基本沿用五代时期的门址。城门地面在五代门址基础上垫高0.6—0.7米。城门壁墙基下铺垫土衬石。门洞北壁保存较好，两壁用砖错缝平砌，可推知城门结构为砖砌券顶式。门道地面用侧立砖错缝横铺，路中心铺竖条石。城门西口有门槛石。

---

[1] 刘涛、匡朝晖、汪勃：《江苏扬州发掘清理唐宋城东门遗址》，《中国文物报》，2006年1月11日。

出西门有一条西北斜行的砖铺露道，东隔门槛与西门道相连，西通护城壕。石条两侧对称铺设有砖砌路面、排水沟和砖铺便道。

晚期城门与早期相比，门址没有变化，而是在西门外，借助南北两个马面围筑一道瓮城，即南北墙内侧与马面内墙取直，再向西围筑即成瓮城。整个瓮城平面呈"凸"字形，瓮城南墙墙体的夯筑，内外皆包砖。瓮城门辟在西南隅，中间铺砌石条，两侧路面用砖侧立横铺。门道中部的南侧洞壁下有一门砧石，上有门限和门臼凹槽。由瓮城门至西门的露道被压在南宋瓮城内的砖铺路面以下。在瓮城南壁下发现一段宽约2米的排水沟。

南宋时期，对城门、城墙、瓮城均进行了较大的改造。

西城墙内侧，向东加厚1.5米，城门道也随之加长。西城门南北两壁也分别加厚1米，门道宽度由5.7米变为3.7米，加厚洞壁的两端不与原城门口取齐，而是内收0.2米，前端置圆角石。瓮城墙体经过两次加固后内空间面积缩小。瓮城门随着西墙的加厚，门道长度增至18.3米，宽度缩至3.1—3.8米。改造后的瓮城门呈东宽西窄的喇叭口形。瓮城内的地面，在北宋路面的基础上垫高0.4米。由西城门至瓮城门之间有露道相连，中心用侧立砖对齐横铺一纵排，两侧用砖砌出单道线，形成宽0.4米的露道中心线。中心线两侧对称错缝横铺路面。露道两侧设有排水沟，沟底用砖平铺，外侧沟边用平砖斜铺。

宋大城西门外即为城壕，城壕水系往南、北均与大运河相通。

1998年，宋大城西门遗址博物馆落成开放。2011年，对遗址在五代、北宋、南宋时期的城门、瓮城、门道、露道、马面等进行了重点保护修整。

宋大城西门遗址

北门水门遗址

北门水门遗址位于漕河路和凤凰桥街的交会处,北门始建于五代时期,一直沿用到元末,北宋时期政府加筑了瓮城,南宋时期政府扩建加固了瓮城并重修了水门。北门遗址由陆门遗址、水门遗址组成,包括主城墙和主城门、瓮城和便门、露道、水门边壁和驳岸、河道基础设施等遗迹。

水门主体由东西石壁组成,石壁外侧为主城墙,墙体由黄褐色土夯筑而成,遭破坏严重,残高约2米。水门两侧石壁用加工过的石条错缝垒砌,排列整齐。石壁上部为砌砖,自上而下有一定的收分,两壁相距7.1米,即为水门门洞的宽度。[1]

[1] 中国社会科学院考古研究所、南京博物院、扬州市文物局等:《江苏扬州宋大城北门水门遗址发掘简报》,《考古》,2005年12期。

北门遗址是扬州宋大城四座城门中唯一发现有水陆并行设施的城门，北门水门北与漕河相连，向东可直通大运河，向西北可与古邗沟相接直通蜀冈。

2008年建成的宋大城北门遗址公园，再现了水门、陆门的历史面貌。

历史沿革

扬州城建史最早可追溯至公元前486年吴王夫差筑的邗城，城址在蜀冈上。《左传·哀公九年》载："秋，吴城邗，沟通江淮。"这是见诸史籍最早的扬州建城记载。春秋时期的吴王夫差在此筑城，并开挖邗沟，将长江与淮河沟通。北魏地理学家郦道元在《水经注》里记载："昔吴将伐齐，北霸中国，自广陵城东南筑邗城，城下掘深江，谓之邗江，亦曰邗溟沟，自江东北通射阳湖。"

战国时期，楚国灭吴。公元前319年，楚怀王筑广陵城，《史记·六国年表》记载楚怀王十年"城广陵"，其位置亦在蜀冈之上。

西汉初年，汉高祖刘邦分封侄子刘濞到广陵当吴王，以广陵为都城。重建后的广陵城城周长十四里半。《后汉书·郡国三》记载："广陵，吴王濞所都，城周十四里半（7.25公里）。"《水经注》载："广陵城楚汉间为东阳郡，高祖六年为荆国，十一年为吴城，即为吴王濞所筑。"其城址在今蜀冈西部。

三国时代，广陵郡处在吴魏两国争战地。广陵城郭遭毁，吴王孙亮于五凤二年（255年）派卫尉冯朝修广陵城。[1]

六朝时代，广陵郡先后属东吴、东晋、宋、齐、梁、陈的领地，并成为江南六朝在江北抵御或进攻北朝的据点。根据当时的

---

[1]《万历江都县志·卷7·古迹》。

局势所需，大规模修筑广陵城有两次：一次是东晋太和四年（369年），北伐失败的大司马桓温"发州人筑广陵城，移镇之"。[1] 另一次是南朝的孝武帝大明二年（458年）竟陵王刘诞又发民筑广陵城。[2] 后因刘诞反叛被诛，广陵城被攻克，城中民众几乎悉数被杀，广陵城被夷为废墟，因故又称"芜城"。

隋代，隋文帝杨坚统一后，于开皇九年（589年）改广陵郡为扬州，此为扬州城名之始。大业元年（605年），改扬州为江都。隋炀帝在原广陵城旧址上营造江都宫，在蜀冈下开发了江都市街，为后来规模宏大的唐代扬州城奠定了基础，在此基础上开凿了大运河，使扬州成为我国连接南北经济的重要城市。隋代扬州城位于蜀冈之上，系利用汉广陵城基础修筑而成，由隋江都宫城、东城组成。

唐代扬州是淮南道的首府。武德七年（624年），在扬州设大都督府。天宝元年（742年），扬州被改名为广陵郡，仍设大都督府。至德元年（756年），广陵被改名为扬州，大都督名不变。唐代扬州城由子城和罗城两部分组成。子城于唐代中期扩建，从考古发掘的地层叠压关系判断，罗城在中晚唐时才圈建。子城为官府衙署区，是利用隋江都宫城、东城所修筑，平面呈不规整的多边形，局部城垣保存高度约为10米。罗城在蜀冈之下，为商业、手工业和居民区，于唐代中期扩建。建中四年（783年）十一月，"淮南节度使陈少游，将兵讨李希烈，屯盱眙。闻朱泚作乱，归广陵，修堑垒，缮甲兵"。[3] 55年后的开成三年（838年），日本僧人圆

---

[1] 《晋书·桓温传》。
[2] 《南史·卷14·竟陵王诞传》。
[3] 《资治通鉴·唐纪45》。

仁赴扬求法，记载有："扬府，南北十一里（5.5公里），东西七里（3.5公里），周四十里（20公里）"，此即当时的规模。

五代十国时期，南唐灭吴后，以扬州为东都。保大十五年（957年），周世宗攻打南唐，元宗李璟知东都难守，便纵火烧扬州城，迁居民于江南。[1] 公元958年周世宗占据扬州后，发丁夫万余，整理被破坏的扬州城。后因居民南迁，城池空虚，就唐代罗城的东南隅改筑一小城[2]，城周二十里，因与唐扬州城相比，规模甚小，故而俗称周小城。

北宋，太祖赵匡胤一统天下，攻克扬州后，以周小城为北宋扬州城。蜀冈上的原唐代子城废弃不用。

到南宋时，扬州地处北部边境，受北方金兵威胁，成为南宋的前线，因战争需要，在绍兴年间（1131—1162年），扬州知州郭棣在蜀冈唐子城的故址上修筑了堡城，与州城南北对峙，又在两城之间构筑了联通的甬道连接南北二城，名曰"夹城"，从而形成了宋三城的格局。

南宋嘉定七年（1214米），为防止北方金兵南下，扬州主管崔与之在城外修筑壕沟和瓮城，开月河，置吊桥，并为夹城夯土墙包砌以城砖。

金亡后，元兵南下，危及江淮。两淮宣抚使贾似道于宝祐二年（1254年）、三年（1255年）修筑堡城，称"宝祐城"。

景定元年（1260年），李庭芝主管两淮安抚制置司公事，兼知扬州，为阻止元兵控制蜀冈中峰平山堂，加筑大城包平山堂于城内[3]。

[1] 陆游《南唐书》记载："（周）帝知东都必不守。谴使焚其官私庐舍。徙其民于江南。"
[2] 《旧五代史》卷118。
[3] 《宋史》卷421《李庭芝传》。

元代，初建大都督府置江淮等处行中书省，治扬州，沿用宋大城，蜀冈上的堡城以及夹城逐渐被荒废。

明代扬州城在唐罗城和宋大城的范围内，有旧城和新城之分。元末至正十七年（1357年），金院张德林先在宋大城西南隅筑过明扬州州城，城周九里八十六步四尺（约5公里），明嘉靖三十五年（1556年），城又向东扩，城周约十里称为新城，原州城称旧城，明城面积总计5.09平方公里。

明清时期，扬州城在唐罗城、宋大城遗址范围内，以小秦淮河为界又分为新旧城，呈现出东市西府的双城格局。旧城利用宋大城西南隅，建于明洪武年间，新城则利用宋大城东南隅增筑于嘉靖年间。

价值与功能

扬州城遗址，在一段时期内或世界某一文化区域内，对建筑、技术、古迹艺术、城镇规划或景观设计的发展产生过重大影响。

（1）作为通史式城市的典范，扬州自西汉至明清保持了持续的繁荣，虽屡遭毁灭性破坏，但屡废屡兴，运河为此提供了充分的条件和能量。

大运河起始于扬州的邗沟，扬州城的命运一开始就与大运河维系在一起。扬州城因大运河而生，因大运河而兴，与大运河的关系难舍难分、水乳交融。大运河孕育了扬州这座城市，它贯通了扬州的湖河，扩大了扬州的地域，奠定了扬州的文化。千百年来，扬州城屡废屡兴，大运河为此提供了充分的条件和能量。扬州既有大运河城市的共性，又有自己独特的魅力，在中华大地上闪烁着耀眼的光芒。

公元前 5 世纪的春秋时代，因吴王夫差开凿邗沟，扬州城诞生。在近 2500 年的建城史中，扬州城屡经风云变幻，几度兴衰，几度辉煌。在隋代，由于大运河的大规模开凿，扬州成为大运河、长江和海上丝绸之路交汇之处的枢纽城市。由于大运河，扬州在唐代成为国际化都市，写下了浓墨重彩的城市文明篇章，成为人文荟萃之地和风物云集之城。还是由于大运河，清代扬州盐商得以腰缠万贯，动关国计。扬州也成为一座经济发达、文化繁荣的城市。

扬州所保存的公元 7 世纪到 8 世纪的扬州城遗址，印证了唐代扬州依托优越的地理位置和在大运河漕运中的独特地位。扬州在此期间成为江、海、河结合转输的枢纽城市，成为大运河和海上丝路的重要节点城市以及东方著名港口。扬州城遗址是层叠又发展变化的大运河历史城市的代表，是具真实、完整、延续性的动态大运河城市的活化石，见证了中华文化的巅峰时代。多样的文化资源和先进的城市体系对中国城市的发展产生了巨大的影响。扬州城遗址覆盖了 18.25 平方公里的范围，被认为是当时中国最完善的城市建设典范。现存的扬州城遗址城垣、城门、主要道路、城市水系皆很清晰。

（2）城市发展的连续性和层叠性，反映了大运河对于城市发展空间格局的影响。

大运河对扬州城市发展格局的影响，既广泛又具体。宏观上，大运河经济效益的发挥，给扬州的城市建设带来蓬勃生机，使扬州发展为唐代著名的商业大都会。微观上，大运河扬州段的流向，直接影响了历代扬州城的规模、形制和空间格局。

大运河扬州段的流向及其水系网络不仅造就了扬州城有别于其他城市建设先规划后施工的过程,而且直接影响并制约着城市的平面布局,从而形成了"车马少于船"的水乡城市特色。

隋唐扬州城的平面布局不同于一般城市的"回"字形布局,而呈"吕"字形。受大运河位置的影响,唐代沿用隋江都宫城作为扬州大都督府,其沿用关系十分明确。子城为官衙所居,面积不足3平方公里,显然不能适应处于交通枢纽地位、日益繁忙的物资集散的需要,因此,城市的扩大势在必行。大运河从蜀冈下的子城南端流过,士民工商逐河而居,大运河两岸首先得以开发,形成了新型工商业区,新建的罗城向蜀冈以南发展,形成了罗城与子城南北相连,高低错落的"吕"字形格局。

唐末五代之际,扬州经历数次兵燹之害。周小城的选址,是占据原唐罗城东南一角,利用了原有的城墙和城壕。选择东南角一方面是由于这一区域较为繁华,另一方面也是为了利用唐代所开的东南侧大运河河道。北宋时期宋大城的南城壕、东城壕为大运河,沿袭了唐城内繁荣的中、南部地区,主干道、市肆及河流皆承袭唐代,街巷更为开放,沿大运河的商业街进一步发展,并逐步向两旁的居住区渗透。

大运河扬州河段的流向对唐罗城形制也产生了影响。罗城筑城年代不仅大大晚于子城,而且罗城城区开发在前,围建城墙在后。从地层迭压关系看,罗城四缘建城墙的时代上限均晚于唐代早期。如前所述,由于大运河在蜀冈下临近子城,由南而北折弯向东而过,大运河流经地域得以首先开发因而繁荣。

明清时期,扬州有新旧二城,旧城过于狭小,不能适应城市的发展。因东北民居较多,两淮都转盐运使司陆续在衙门西、南两面建房,供人居住。扬州旧城的东郭,因靠近大运河,大批盐商聚族而居,形成了大片繁荣的商业区和手工业区。明嘉靖三十五年(1556年),明政府筑新城,东南以大运河为城壕,北城壕与旧城北城壕相连,西以小秦淮与旧城为界,新旧二城相连,形成外似一城,内实两城的格局。扬州的城区也逐渐向靠近大运河的东、南两个方向发展。

扬州城遗址,能为已消逝的文明或文化传统提供独特的或至少是特殊的见证。

(1)唐代扬州独特的地理位置使之成为漕运枢纽、国际商业都会、中国第三大城市。

八世纪中叶,扬州凭借优越的地理位置和在大唐版图中的经济地位,成为漕运枢纽、东方著名港口和中国第三大城市。

隋代开凿大运河后,扬州的辐射范围进一步向中原内陆延伸,水陆交通枢纽的地位得以确立。唐代经济中心南移后,扬州临海、濒江、通运的地理优势更为突出。此时,西域的连绵战火阻断了丝绸之路上的驼队,陆上丝绸之路骤然衰落,海上丝路成为对外交往的主要通道。扬州崛起成为海上丝路的重要起点城市。

唐代扬州是对日本、朝鲜来往的主要始发港,南下西去可抵天竺、大食、波斯等国。宋、元时期,长江入海口东移,但扬州的历史影响和临江通运的位置不变,仍然在对外往来中起着纽带作用。九世纪中叶,阿拉伯地理学家伊本·考尔大贝所著《道程及郡国志》一书,将扬州与交州、广州、杭州三州并列称为东方四大港口,由此可见唐时扬州已作为海上丝绸之路的著名港埠而声名远播。

唐代扬州造船业发达，设有造船工场，能造各种江船、海船。扬州城内商贾如织，聚集了很多的"商胡"与"藩客"，他们来自新罗、高丽、日本、波斯、大食、婆罗门、昆仑等国，长期居住经商者达数千人。扬州是当时中国最大的贸易陶瓷外销口岸，几乎全国主要窑口的陶瓷在扬州都有发现。

（2）商业经济的繁荣促进了城市制度的改变。

到唐代，坊市制度在中国已经延续了1000多年，直至八世纪中叶才在部分城市出现松动，并在八世纪末和九世纪初率先在扬州取得突破。坊市布局的突破使得城市生活发生了重大变化：它使城市布局和工商布局发生嬗变，为宋代以后开放式的街巷体制开了先河；它使经济更加繁荣，工商阶层更为活跃；它使人民有了更多的自由。

中国古代里市制度中，"里"指居民集中区，"市"是政府划定供人们进行交易的场所。唐代扬州罗城内设有工商业的集中区——市，它不同于后来出现的市井相连的街市，而是与坊居并立的市。民居区也被划分为若干个整齐的方块，作为官府对居民进行管理的区划。大运河漕运功能的巨大发挥使唐代扬州坊市制度开始松动大约从唐开元、天宝时期开始。到唐代后期，在扬州工商业最兴盛的地段出现了市井相连的商业街，城市布局和管理随之变化。

首先是坊市分离的体制被突破。早在天宝年间，扬州官河两岸已出现商业活动。大历、贞元年间，市外的商业活动日益频繁。兴元年间，北方工商业大户大批南下，侵街造宅，城内官河沿岸逐渐出现了一条商业街。这条商业街经久不衰,酒楼、茶肆、饭店、民宅、邸店错杂成列,形成市井相连的新貌。

其次,坊市的封闭性发生变化。坊、市与外界分隔是坊市制的特点之一,其目的在于控制城市居民,维护统治。为保证其贯彻实施,唐代政府曾颁发不少有关律令。然而,在唐后期的扬州,这些禁令已逐渐丧失了它的制约功能,沿街侵衢造宅在扬州已十分常见,这不但违背了市制("市"外不得进行工商活动),而且违背了坊制(民居必须集中在坊内居住)。封闭性坊市模式难以为继,开放性商业布局随之出现。

第三,宵禁制度被打破,夜市出现,出现了"夜市千灯照碧云"的繁荣景象。

坊市制度的打破,得益于唐代后期的扬州已发展成为全国的商业中心、财赋中心、交通中心。经济发展、城市工商业高度繁荣、手工业兴隆,使"市"容量饱和,封闭的坊市布局愈来愈成为发展的桎梏。工商业户为突破地域和时间的禁限,自发地向交通便利、人流量大、空间开阔的地带拓展,坊市制解体成为必然。大运河漕运不但促进了扬州手工业、商业、运输业的发展,也影响了市场布局。过往漕船为节省时间,乐于在官河沿岸就近补给物品,促生了沿河地带商业活动的发生。

(3)城市水系揭示了城市发展变化的规律,反映了城市与运河的紧密关系。

扬州城市水系与大运河扬州段的开凿、建设、疏浚、改造工程直接相关。2500年前,开邗沟、筑邗城几乎在同一时间发生。从开挖大运河最早段——邗沟的第一锹土起,扬州城的命运就与大运河紧密联系在一起。甚至大运河扬州段在开凿之初就已将古城水系纳入其系统。诚然，扬州筑城的选址也颇为遵循中国古代临水建城的原则。2500年来，奔腾不息的大运河在扬州城发展史上完成了供水、防御、运输等不同角色的转换与调和，使扬州城成为一座名副其实的与大运河同生共长的运河城。

扬州城内水系是大运河漕运与盐运体系不可分割的重要组成部分。在唐宋数百年内以漕运为主要功能的大运河，不仅联系作为军事政治中心的北方和作为经济重心的南方，使全国凝结为一个坚强牢固的整体，更对此后唐宋帝国势运的消长产生激剧的作用，从而催生了以扬州为代表的一大批运河城市。作为大运河漕运和盐运的重要中转站，历代扬州城区的大运河河道能为漕粮的收集、存储、运输和淮盐的行销、运输提供极大的便利。

扬州城内水系的发展与大运河有千丝万缕的联系。无论是曾作为大运河主干道的官河，还是与大运河水系相通的二道河、漕河、小秦淮河，抑或是长期作为城壕存在的东、南护城河，都充分体现出内河水系、城壕水系与大运河水系三者之间相互借用、相互影响、错综复杂的关系。以卷轴画山水文化景观存世的瘦西湖水系的形成，也得益于上述三套水系的沟通、融合。大运河与扬州城是密不可分的共同体，一部扬州城内水系的发展史，既是一部扬州城池的变迁史，更是一部扬州城与大运河同生共长、息息相关的历史。

扬州城遗址，与具有特殊普遍意义的时间、生活传统、观念、信仰、艺术作品或文学作品有直接或实质的联系。

城市经济的持续发展，促进了文化艺术的全面繁荣。

伴随着大运河经济的几度繁荣，扬州积淀了厚重璀璨的文化底蕴。从邗沟建成的那一天起，无数的官员、书生、商旅、船家等各色人物，在大运河上穿梭往来，为南北经济、文化交流作出了重要的贡献。

陈登穿沟，炀帝凿运，靳辅、张鹏翮治水，在大运河发展史上写下浓墨重彩的一笔。鉴真东渡、崔致远求学、普哈丁传教、马可·波罗漫游，作为扬州中外文化交流史上的重要印记，展示了与日本半岛、朝鲜半岛、中东、欧洲国家在文学、艺术、建筑、宗教等方面的相互交流。唐代李白、白居易、刘禹锡、孟浩然、杜牧等众多诗人先后造访扬州，留下了"烟花三月下扬州""春风十里扬州路"等脍炙人口的诗词名篇。康熙、乾隆皇帝沿着大运河南巡，见证了清代扬州集中出现的造园工程。"扬州八怪"画派在中国画坛上独树一帜，不仅在艺术上开一代新风，更对海派乃至近代绘画产生了直接而深远的影响。清代扬州的戏曲、评话、书院、雕版印刷、修志、藏书等也颇为兴盛。

帝王将相、文人墨客、巨商大贾、国际友人，以及为开凿和治理运河、繁荣扬州经济与文化作出过贡献的各色人等，汇成了一条风流人物之长河，对扬州乃至中国历史文化的走向与进程产生了巨大影响。

第四节　宏博庄严　宗教遗产

天宁寺、重宁寺

天宁寺

天宁寺地处清代扬州城的北护城河北岸，南对拱辰门（又称天宁门）。始建于东晋，经历代重修，现存建筑格局为清同治年间修复后的遗存。由于曹寅、扬州八怪等人的活动，天宁寺与清代扬州文化的繁荣具有密切的关联。它是皇帝南巡时在扬州的驻跸之所，也是扬州最早的佛教庙宇之一，见证了扬州的繁华与自

天宁寺乾隆御碑

身的兴盛。至今，篆刻着《南巡记》的乾隆南巡御碑，仍巍然仁立在寺内山门殿的北侧，"南巡之事莫大于河工"，乾隆自己撰写的《南巡记》，点明了帝王南巡的主要目的。南巡御碑也成为定格于特定历史时期的独特物证。

天宁寺历来有"一寺五门天下少，两廊十殿世间稀"的说法，据《扬州画舫录》等文献记载，天宁寺是清代"扬州八大刹之首"。寺中主要建筑呈南北纵深排布，由南至北依次有牌坊、山门、天王殿、大雄宝殿、弥勒阁和万佛楼，中轴东西两侧建"两廊百数十楹"。无论是从建筑规模还是从历史内涵来看，天宁寺都颇具影响力。天宁寺现存面积11968平方米，其中建筑面积5000余平方米，包括呈南北纵深布局的主体部分及东北的僚房及方丈楼，主体部分南北长240米，东西宽72米。历经了岁月的沧桑变化，这座承载着宗教、文化、历史的庙宇建筑依然承续着清乾隆年间五进纵深、东西列廊的格局，由山门殿、天王殿、大雄宝殿、华

天宁寺乾隆御碑

严阁、东西廊房及配殿组成，以中间一条南北向的中轴线为主，主要建筑都位于南北向的中轴线上，次要建筑被安排在轴线东西两侧。

历史沿革

据《宝祐惟扬志》所记载，天宁寺始建于武则天证圣元年（695年），以年号为名，最初称为"证圣寺"。

北宋真宗大中祥符五年（1012年），证圣寺改名为"兴教院"。北宋徽宗政和二年（1112年），全国重要州府均建"天宁寺"，所谓"建寺"也包括将原有的寺庙更名，于是赐予此寺"天宁禅寺"之名，沿袭至今。现在全国很多地方都有天宁寺，来历就在于此。

明洪武年间（1368—1398年）：重建。

康熙四十四年（1705年）：钦命两淮巡盐御史曹寅在寺内设"扬州诗局"，主持刊刻《全唐诗》等书。

乾隆第二次南巡时，于此建行宫、御花园和"文汇阁"。

咸丰年间天宁寺毁于兵火，同治年间得以重建。

20世纪40年代：战争使得天宁寺的寺内陈设被洗劫一空。

1949年初：寺内曾办学校，拆除了部分牌楼、御碑亭等。

1955年起：先后改作学校、展览馆、招待所等。

1984年：大修。

1988年：作为扬州博物馆对外开放。

2005年：扬州博物馆另迁新址。天宁寺进行整修，新建了藏经楼。

2008年：作为扬州佛教文化博物馆对外开放。

重宁寺

重宁寺位于长征路15号,南邻天宁寺,寺中主体建筑与天宁寺位于同一轴线,并称"双宁",为清代八大名刹之一。重宁寺是清代皇帝南巡的重要史迹,乾隆皇帝赐"普现庄严""妙香花雨"两额及大量诗文、楹联。寺中佛像"照内工作法"[1],表现了皇家因素对寺庙艺术的影响。

重宁寺占地面积5000平方米,南北长140米,东西宽35米。寺中现存建筑为清光绪年间修复后的遗存,一定程度上保留了乾隆年间始建时的格局特征。现存3座建筑——天王殿、大雄宝殿、藏经楼,由南到北依次排列。山门内中轴线第一进为天王殿,硬山结构,面阔5间,拱门上有"波罗蜜门"石额,后檐有外廊。第二进为大雄宝殿,歇山重檐顶,檐下有斗拱,面阔五间,四出回廊。殿内以8根铁栗木作柱,铁栗木均在15米以上,较为罕见。天花上满施彩绘,中央有斗八藻井,保存较好。殿内悬挂乾隆四十八年(1783年)御赐"普现庄严"和"妙香花雨"匾,并另存有乾隆撰写的《万寿重宁寺碑》。藏经楼为三层,硬山重檐,面阔五间,一、二层前设廊。

历史沿革

重宁寺为清代扬州八大古刹之一,寺原本为"平冈秋望"旧址。乾隆四十九年(1784年),乾隆皇帝为其母亲祝寿,在此建"万寿重宁寺"。[2]据《扬州画舫录》等文献记载,重宁寺主体建筑呈南北纵深布置,中轴建筑有戏台、天王殿、三世佛殿等,以东为

---

[1] 《扬州画舫录》,山东友谊出版社,2001年5月,第114页。
[2] 乾隆《万寿重宁寺碑记》记录:"赐额曰'万寿重宁寺',盖合万姓之寿,所以万寿也;以下民之宁以为宁,所以为重宁也。"

文昌阁，以西为方丈住处。寺内曾有大型壁画，传为扬州八怪之一罗聘所绘制。寺东还建有东园，园中有熙春堂、俯鉴堂等建筑，并筑假山、开湖池，御赐"万寿重宁寺"额和"普现庄严""妙雨花香"两匾，御撰寺记，亲书勒石。门外有榆树数十株，构筑大戏台。山门第一进为天王殿，第二进为三世佛殿。

清咸丰年间：毁于兵火，同治初年重建。

光绪十七年（1891年）：僧人瑞堂募资重建山门殿和大雄宝殿。

光绪二十七年（1901年）：僧人长悝及徒雨山、宝荃等人营造楼殿。

宣统元年（1909）：竣工。

1959年至1960年：先后为学校和警方使用。

1984年：扬州市政府对重宁寺进行维修。

1989年：用作国家文物局扬州培训中心校址。

1990年：对天王殿进行大修。

2002年起：由扬州市文物考古队使用管理。

2007年：重宁寺藏经楼进行维修。

普哈丁墓

普哈丁墓位于解放桥南侧、大运河东岸的土岗上，俗称巴巴窑，又名回回堂。普哈丁为伊斯兰教创始人穆罕默德的第16世裔孙，于南宋末年（1265—1275年）在扬州传播伊斯兰教，并在城内建礼拜寺（今仙鹤寺）。德祐元年（1275年）普哈丁逝世，教徒遵其遗嘱将其葬于扬州城东大运河畔。

普哈丁墓园面对大运河西向依冈而筑，意为不忘西域故土。墓园占地15600平方米，分清真寺、墓区和园林区三部分。院落

普哈丁墓园

布局严谨,建筑、亭台、墓亭依地势起伏而分布,庭院中有丘池,有亭阁,有花树。

　　清真寺西侧临大运河,河边筑石堤,由门厅、礼拜殿、水房组成,门厅面阔三间,其拱门上嵌"西域先贤普哈丁之墓"石额。门厅南的礼拜殿坐西朝东,面阔三间,殿内有拱形圣龛及由阿拉伯文《古兰经》组成的图案,具有浓厚的伊斯兰宗教氛围。殿南有水房,供穆斯林"大净"和"小净"。每逢先贤归真纪念日、开斋节、古尔邦节等重要节日,这里会举办宗教活动。直对大门是石阶甬道,石阶两旁有浮雕石栏,雕刻有狮子戏球、鲤鱼跳龙门、三羊开泰等吉祥图案,渗透出浓厚的中国传统文化气息。甬道顶部为墓区门厅,上方嵌有"天方矩矱"石额,厅阔3楹,为四角攒尖顶。

　　门厅后的墓区是墓园主体部分,由北墓区和南墓区组成。北墓区又为墓区的核心区域,有普哈丁墓、法纳墓、阿拉伯人墓碑等多处墓葬、墓亭建筑；南墓区为明清以来阿訇和虔诚穆斯林的墓葬群，共计29座，其中包含清代回族爱国将领、民族英雄左宝贵的衣冠冢。

普哈丁墓亭位于北墓区的中心，砖石结构，平面呈方形，四出拱门，亭内为砖砌圆形穹顶，是典型的阿拉伯风格的建筑——"拱拜尔"，它的外貌呈中国传统亭式四角攒尖顶，上复青色筒瓦，饰以紫红、黄、蓝色相间的瓷葫芦顶。墓葬于亭中央地下，地面用青石砌成五级矩形墓塔，每层悬出的周边顶面雕有精美的牡丹花纹，正面浮雕缠枝草和如意纹。第三层墓塔石侧面阳刻阿拉伯文《古兰经》中章节。[1]另有法纳墓亭等分布在普哈丁墓亭周围，呈环绕状布置。这些建筑在形式、结构和特征皆同于普哈丁墓亭，但在体量上偏小，建筑工艺稍有逊色。

元代阿拉伯人墓碑碑亭在普哈丁墓亭西北侧，建于1984年，平面呈长方形，四通墓碑平行放置在墓亭中央的白矾石底座上，碑呈莲花瓣形，均以青石镌刻而成。碑的周边和侧面都镌有各色图案花纹，正反两面均刻有碑文。碑文以中文、阿拉伯文夹有波斯文刻成，记载了亡者的姓名、身份、死亡日期，并刻有《古兰经》《穆罕默德言行录》等经文摘录及《格言》和《祷文》，还有出自名家之手、盛行于当时的西亚北非的古代诗歌。

园林区位于墓园东部，围墙上开有月门，与墓区相连。园中山势起伏，池水清澈，绿树成林，鸟鸣鱼戏，意境清幽静雅，颇具野趣。居高处，可静坐栖息，于方寸之地，鸟瞰园林胜景；处低势，可动观四周，于移步换景中体味园林韵律。整个古典园林

---

[1] 陈云观：《扬州宗教名胜文化》，广陵书社，2003年10月。

依托地势高低错落，造就出一幅秀山环抱碧水之景，与墓区内庄严肃穆的环境形成鲜明对比，既承接了墓区的幽静，又开拓了一方修身养性的乐土。

历史沿革

普哈丁为伊斯兰教创始人穆罕默德的第16世裔孙，于南宋末年（1265—1275年）在扬州传播伊斯兰教，德佑元年（1275年）逝世，遵其遗嘱，将其埋葬于此。

明末清初，墓园因战争受损。

清康熙十一年（1672年）：重建墓亭及四壁围墙。

乾隆五十一年（1786年）：重修大殿3间、厅房5间。

道光年间（1821—1850年）：河水泛滥，石岸墙基均被冲毁。

道光二十五年（1845年）：重修殿宇石工。

咸丰三年（1853年）：寺毁于战火，事后募捐重修大殿、墓亭、"天方矩"门厅3间。

同治七年（1868年）：建东讲经堂。

光绪三年（1877年）：重修大殿、水房。

光绪九年（1883年）：重建北讲经堂、北亭台一座。

光绪二十六年（1900年）：重修围墙，换造石栏。

光绪二十九年（1903年）：重修东讲经堂。[1]

1949年后，该寺作为大运河沿线重要的伊斯兰教宗教活动场所和宗教圣地开放。1952年由政府拨款对残坏的部分墓亭和古建筑进行小规模维修。20世纪60年代初，对碑亭及古建筑施以油漆。1983年对其进行了修缮，并新建元代阿拉伯人墓碑亭和双层六角

[1] 杨健美：《扬州先贤墓考略》，《晨熹》，1936年3卷9期。

望月亭。

1992 年：对墓园古建筑进行了油漆。

2001 年：被公布为国家级文保单位。

2002 年：经过全面修缮，对外开放。

价值与功能

普哈丁墓，在一段时期内或世界某一文化区域内，对建筑、技术、古迹艺术、城镇规划或景观设计的发展产生过重大影响（或展示了人类文化之间的重要交流）。

普哈丁墓体现了大运河沿线城市在与其他国内外城市的频繁交往过程中，在建筑、艺术和技术等诸多方面互为借鉴、彼此融合的倾向。普哈丁墓与中国西北地区的清真寺有着明显的区别。西北地区的清真寺一般是较为传统的伊斯兰风格建筑，从外观上看，几乎不受中国传统建筑的影响。普哈丁墓等大运河沿岸的建筑，包括建筑的屋顶、门窗、台阶等外观虽受到中国传统建筑的影响，但在整体格局、功能等方面又延续和保持了伊斯兰建筑的部分特征（普哈丁墓为东西向，与传统中国建筑南北向的风格有明显区别），这说明当时在中国的穆斯林曾沿着大运河一路北上，使大运河沿线成为伊斯兰教的重要传播地。伊斯兰教从遥远的阿拉伯来到这个东方文明古国，在保留自己基本特点的基础上，不断地与大运河沿线的生存环境适应和融合，形成了具有中国特色的伊斯兰教文化。

普哈丁墓，能为传衍至今的或已消逝的文明或文化传统提供独特的或至少是特殊的见证。

隋唐以后，在古代中国辽阔疆域版图上，通江达海的交通经济格局逐渐形成，其中大运河作为重要的通路，为国家铺设了四通八达的交通网络。丝绸、瓷器、茶叶和铜铁器等物产以及陶瓷制造术、建筑术、造纸印刷术、各种文化书籍沿着大运河、海上丝绸之路等水上交通线路向海外传播，对世界经济文化的发展产生了重大影响。

大运河扬州段是众多重要历史事件的直接发生地，如隋炀帝开凿大运河、阿拉伯传教士来华等。这些事件造就了"东南繁华扬州起"的历史格局，对扬州乃至大运河全线城镇的经济文化繁荣起了巨大的推动作用，同时，也影响到大运河南北各地的民俗风情、艺术形式、宗教信仰等，生成了独特的运河民俗传统和观念信仰。普哈丁等作为这类历史事件中主要代表人物，不可避免地成为被关注的焦点。普哈丁归真后，在大运河东岸土冈上修筑了墓园，并且先后又有南宋、明清多位西域先贤归葬于此，这些为佐证扬州在伊斯兰教史、海外交通史上的作用保留了珍贵的资料。普哈丁墓是特殊事件所衍生出来的思想、信仰、文明的物化载体，体现着大运河作为文化线路的价值互动和思想分享，是大运河沿线重要的历史遗迹，是中阿友好史上珍贵的实物资料。

第五节　烟火市井　东关街

东关街历史街区

　　东关街，位于扬州明清古城东北角，是扬州古老的历史街区之一，其范围是明清时期旧城址所在地。它东起泰州路（古运河）、西至国庆路、南至文昌中路、北至盐阜中路。其核心区东起泰州路（古运河）；西至国庆路；南至东圈门、地官第；北至大草巷、个园北门一带。在东关街东首，是扬州城唐宋东门遗址和大运河扬州东关古渡。这种"河（运河）、城（城门）、街（东关街）"多元共生、充满活力的空间格局，是扬州城和大运河发展演变的历史见证，是扬州大运河文化与盐商文化的发祥地和展示窗口，佐证着扬州城曾经的经济繁荣和文化昌盛。至今，东关街仍然延续着明清的建筑风格、商业文化氛围和传统居住环境，颇具大运河城市的风韵。

　　东关街的南北两侧有许多通向全城的小街巷。其中广储门街、观巷等由明代保存至今；前安家巷、雅官人巷、小草巷、马家巷、东圈门、地官第等则从清代存留至今。东关街的街巷狭长且曲折有致，首尾相连并内外相通，呈现"鱼骨状"的线型空间肌理。纵横交错的青砖巷道和长条板石街道浸透着历史文脉的斑驳和沧桑。现状建筑多以一层为主，局部两层，"前店后宅、上宅下店"，形成了典型的传统商业街的建筑空间组合。许多传统民居建于清

扬州东关街

代至民国时期（约占30%），"粉墙黛瓦马头墙"和天井院落共同构成的建筑空间布局，折射出浓厚的生活气息。

东关街内文物保护单位和历史遗存荟萃，许多名人故居（如清代将领李长乐故居、银行家胡仲涵故居、刘文淇故居等）、古宅（如汪氏小苑、丁姓盐商住宅等）、古作坊（谢馥春化妆品、四美酱品厂等）、古井、古树和古典园林（个园、逸圃、壶园等）藏于老街之中并保留至今。其中，个园和汪氏小苑分别是国家级和省级文物保护单位。唐宋东门遗址、逸圃、曹起溍故居、壶园、刘文淇故居、丁姓盐商住宅等为市级文物保护单位。由于历史遗存众多，东关历史街区目前是扬州古城区的重点保护地区。

东门遗址

东门遗址位于扬州城东大运河边、东关街东首，面积12,500平方米。东门遗址发现于2000年初。2004年和2005年，由中国

东关古渡

社会科学院考古研究所、南京博物院、扬州市文物考古队组成的江苏扬州唐城考古队对其进行了发掘清理,发掘出唐、五代、两宋、元、明各时代的城墙、城门、瓮城、敌台以及道路、房基、水井、消防水缸等遗迹。东门遗址规模巨大,平面布局完整,各时代叠压关系演变清晰,是扬州城遗址最重要的考古发现之一。[1]另外,在南宋瓮城东墙之下还解剖发现了北宋的出城露道,大规模地揭露出中国最早的南宋时期双瓮城的完整城门防御体系。

　　东门遗址发掘出土了大量的唐至明清时期的瓷器、铜钱、铜器、铁器、铭文砖等遗物,所出瓷片涵盖了唐至明清各主要窑口。特别是在瓮城外侧解剖到的唐代灰坑中还发现了唐代青花瓷残片,扩大了唐青花在扬州的发现范围。铭文城砖所处的时代有唐、五代、两宋和明清,铭文内容多为烧造地和烧造者的归属和身份。[2]宋代扬州商贾云集,为江淮门户。瓮城的坚固反映出宋代扬州在军事

[1] 扬州唐城考古队:《扬州唐宋城东门遗址发掘纪要》,《东南文化》,2001年增刊1。
[2] 刘涛、匡朝晖、汪勃:《江苏扬州发掘清理唐宋城东门遗址》,《中国文物报》,2006年1月11日。

和经济方面的重要性。

山陕会馆　东关街250—262号

会馆东西向宽30多米，南北向长90多米，占地面积3000多平方米，是山西、陕西盐商在扬州设立的会馆，也是扬州最早的盐商会馆之一。至今在剪刀巷北墙端还嵌有山陕会馆地基北墙界址碑石。会馆门楼虽破落，但从旁边腮墙的形制能看出，它属于清早期旧筑，具有山西门墙风格。从会馆内房屋遗存布局看，原房有3路并列，由门楼、福祠、照厅、正厅、偏厅、内室、木楼、庭园、火巷、演戏神台等组合。今所存的东路房屋相对较好，前后原有七进房屋，面阔皆为3间。第二进水磨砖门楼保存尚好，三飞式檐砖、门楼上端匾墙磨砖嵌六角锦依旧存在。入内朝南厅堂构架完整，其后各进明间后腰门置磨砖罩面，腰门前后贯通。后进木楼已改建。中路房屋亦有七进，前四进房屋皆三间二厢，其后二进房屋为明三暗四、明三暗五格局，最后是楼房。1949年后，各进厢房已拆，木楼亦改建，但布局构架尚存。西路改变较大，原月门墙遗迹仍在。

胡仲涵故居　东关街306、312号

该故居建于民国年间。胡仲涵早年在南通开设泰龙钱庄，后在上海中南银行任过经理。故居占地1000多平方米。306号由门厅、照厅、正厅、住宅、花厅、庭院组成，除庭院和假山部分损坏及装修改变外，余均完整。庭院与个园毗邻。花厅屋面为单檐歇山式，四角翘飞，西式门窗装修。厅下有60平方米的地下室。住宅为明三暗五格局，青石天井，西套房的板壁有门。

武当行宫　东关街 300 号

该行宫现为市级文物保护单位,原为真武庙,明宣德三年（1428 年）由知府陈贞所建。清咸丰年间除大殿外均毁于兵火,光绪年间由海州分司徐绍垣重建。庙内昔有真武大帝铜像,占地面积 3000 多平方米,现存主房前后三进,有古银杏树 3 棵,后进大殿为明代楠木架构。

冬荣园　东关街 98 号

冬荣园原为盐商住宅,中国现代著名作家沈从文的岳母陆英曾居于此,1962 年其被公布为扬州市文物保护单位。该园坐北朝南。园内建筑,从东向西纵向排列,分为东中西三路。东路,面阔三间,从南向北分别为前厅、照厅、主厅、二厅和住宅；中路,从门堂向后,分别为照厅、大厅和前后进住宅,除后进住宅三间带 2 个套间,余皆面阔三间；西路,也是面阔三间,为前住宅和后住宅。冬荣园宅后原有花园,今已不存,当地老人也称其为"陆公馆",因其主人姓陆,曾供职于两淮盐运司。

冬荣园现存雕花门楼、厅房、住宅各一进。

逸圃砖雕 1

逸圃砖雕 2

逸　圃

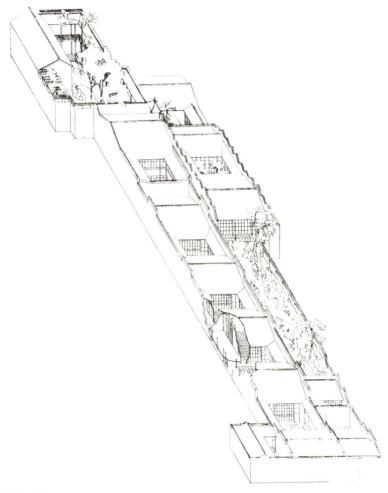

逸圃轴测图

逸圃　东关街356号

逸圃为市级文物保护单位。民国初年由金融界人士李鹤生修建。"逸"是才智出众;"圃"指果木瓜菜的园地。《国语》中

"薮有圃草"释为"必有茂大之草以财用之"。扬州住宅园林中，园林多半建在住宅之后，唯此在东侧，与住宅并排。原黑漆大门上有浅刻"扬州古明月，陋巷旧家风"的槛联。逸圃用曲尺形隙地布置，形成上下错综、左右参差、境界多变、绝处逢生的格局。

瓜洲运河：高旻寺至瓜洲镇

瓜洲原为江中沙洲，晋朝时露出水面，形如"瓜"字，故名瓜洲。瓜洲运河，处于大运河扬州段的南端，即自邗江区高旻寺至瓜洲镇段的大运河河道。

唐开元二十六年（738年），齐浣开伊娄河（今瓜洲运河），该河成为仪征运口之外扬州的第二个入江口门，它全长12.5公里，大大缩短了漕船在江上的航程，减少了江上漂损之灾。直至唐末，它一直是大运河要津。明清时期，黄河全面夺淮，为解决泥沙淤积问题，除仪征、瓜洲运口交替使用外，又增添了白塔河（今江

瓜洲船闸航拍图

都市大桥河旧址）、泰兴北新河（今南官河旧址）等入江口。此时，瓜洲作为大运河南下入江的交通要冲，其运口地位并未发生改变，东南地区的漕粮均在瓜洲交仓，漕船连绵不绝蔚为壮观。

瓜洲不仅是重要的交通运口，也是人们心理上的南北分界点。瓜洲古渡被人们称作诗渡，无数文人骚客在这里留下诗篇。"京口瓜洲一水间，钟山只隔数重山""汴水流，泗水流，流到瓜洲古渡头，吴山点点愁……"这些描摹瓜洲的诗词，打动着一代代人，也激发着人们对"瓜洲"作深入探究的历史情结。

如今的瓜洲运河，沿岸风景秀美，各种树木花草繁茂生长，飞鸟往来其间，渡口石板路刻满历史的沧桑……这里虽不再商贾云集，但与北方干涸的河道相比，这里不仅水量充足，而且河面宽阔，能容纳千吨的货船通过。

历史沿革

唐玄宗（李隆基）开元年间（公元713年—741年），扬子运口洲渚日增，润州刺使齐浣开伊娄河，打破了大运河从仪征运口入江的惯例，开创了邗沟运道由瓜洲入运河的先河，同时建成了瓜洲斗门船闸。

宋高宗绍兴四年（1134年），为防范金人南侵，高宗曾下令烧毁扬州"诸堰并令守臣开决、焚毁，务要不通敌舟"[1]，此后，闸、堰被废，运河浅塞。然而扬州大运河作为重要的物流通道，其淤塞对地区经济发展造成的不利影响不言而喻，故绍兴五年（1135年）正月，宋高宗又诏令"淮南宣抚募人开浚瓜洲至淮口运河浅涩处"，运河再度恢复使用。

[1] 《宋史·河渠志》。

明初，瓜洲运河分为三支，如瓜字形，中一支阻堤隔江；东一支通江名为东港；西一支通江名为西港，设立十坝[1]。明清时，仪征、瓜洲运口交替使用，并增添了白塔河、泰兴北新河等入江口。但不久新增的白塔河便废弃不用，为了让瓜洲运河为继续发挥作用，曾屡次对其进行疏浚。据《明史．河渠志》载："陈瑄请浚仪真、瓜洲河道以通江湖"，代宗景泰五年（1454年）十月，工部奏"仪真、瓜洲二坝每遇冬春水缩，水浅难行，宜于二坝下各置闸蓄水。从之。"隆庆六年（1572年），河道侍郎万恭，总理河道，主持建立瓜洲闸，至此瓜洲废坝为闸。[2] 康熙末年，瓜洲的江岸因江流作用开始坍塌，于是在瓜洲附近开支河与大运河连接，瓜洲自西向东有大口、小口、六壕口、七壕口等口通大运河，不久这些江口也被江水毁掉。[3]

　　1959年：从瓦窑铺到六圩开辟了19.6公里的新航道，原来由扬州市区向南分别流向瓜洲和仪征的大运河变成地方性河道，继续发挥着作用。

　　1980年：瓜洲运口新建了节制闸，后又建船闸、抽水站。现闸区是国家级水利旅游景区。

---

[1] 《郡国利病书》。
[2] 刘文淇：《扬州水道记》，天马图书有限公司，2004年2月。
[3] 刘文淇：《扬州水道记》，天马图书有限公司，2004年2月。

后 记

冬 冰

2006年年底，国家文物局公布《中国世界文化遗产预备名单》，跟扬州有关的项目有两个：大运河、瘦西湖及扬州历史城区。2012年9月，这一名单重新调整后公布，扬州从两项增加到三项：大运河、海上丝绸之路、扬州瘦西湖及盐商园林文化景观。

对扬州来说，六年两份名单的背后是，扬州牵头大运河联合"申遗"跑到冲刺线；正式参与海上丝绸之路9城市共同"申遗"；扬州地方"申遗"项目路径主题重新明确。

项目及名称的调整只是一个结果，作为参与者、亲历者，我们的团队感受到的是资料收集整理的琐碎辛苦，观点交锋碰撞的认真执著，路径价值苦苦寻觅中的焦虑担忧，峰回路转重生后的豁然开朗。

对那些幸存下来的扬州文化遗产点而言，这六年是其保护水平不断提升的过程：通过"申遗"推动，借助专业机构，按照世界遗产标准要求，扬州相关古建筑、遗址、河道、景观的基本尊严得以维护，保护状态得以改善，抗风险灾害的能力得以加强。

这六年更是扬州文化遗产价值重新发现的过程。扬州是一个对中国封建时代的经济政治文化作出了巨大贡献、产生过重要影响的通史式城市。但在"申遗"之前，罕有把扬州文化放在世界历史进程中，从人类文明演进的高度，对其价值进行梳理、研究、比较、审视。这些年来，借助三项"申遗"项目的带动，国际古迹遗址保护协会、中国建筑设计研究院历史研究所、中国文化遗产研究院、清华大学、同济大学等专业机构的专家与扬州申遗办团队一道，共同探寻扬州遗产的特色、内涵，思考大运河、海上丝绸之路、瘦西湖及盐商园林在中国文化、人类历史发展过程中的作用地位。一次次考察讨论交流碰撞带来了一次次认识上的提高。《世界的扬州·文化遗产丛书》就是三项"申遗"工作进行以来大家认识、思考的积累转化，一章章一节节的陈述判断提炼，共同展示扬州文化遗产价值再发现的初步成果。

　　成果来源于"申遗"过程，服务于"申遗"目标，更服务于扬州这座城市。近年来，扬州"深刻认识城市文化价值、坚守城市文化理想、突出城市文化特色，取得了遗产保护与城市发展双赢"，城市"人文、生态、精致、宜居"特色愈加明显，以大运河、海上丝绸之路、瘦西湖及盐商园林为代表的扬州文化遗产在城市发展中的地位和作用日益凸显。

　　"国以人兴，城以文名"。扬州市委市政府提出建设世界名城的奋斗目标，深厚的历史文化资源是扬州迈向这一目标的基础力量。在世界名城建设总体战略总局中，两个重要的着力点是将瘦西湖建成世界级公园、打造以大运河扬州段"七河八岛"为生态核心的江广融合地带生态智慧新城。《世界的扬州·文化遗产丛书》从前所未有的跨领域视角——历史、美学、文献学、遗产学、考古学、建筑景观学、民俗学等，较为系统地分析扬州文化遗产的历史原貌、物质形态、精神气质、布局结构、发展演化、建筑风格、构成要素等内容，并站在人类文明和普世精神的高度，对瘦西湖、大运河扬州段、海上丝绸之路扬州史迹等进行观察和阐述，它的出版将为扬州建设世界名城提供一个广域的参照，诠释扬州这座城市的世界精神，揭示扬州的历史内涵，展现扬州独特的文明价值。

　　六年来，跟我们一起走过这一过程的有：国家文物局和江苏省文物局的各位领导；国内外专业机构、高校专家及同行；扬州历任市领导；扬州地方文史专家；热爱家乡历史、珍爱古城文化的扬州市民。感谢他们多年来对扬州文化遗产事业的一贯支持，对扬州文化遗产保护研究队伍的指导和帮助，对扬州这座城市多年来无怨无悔的奉献和热爱。

本书编写时间紧、任务重，相关资料更是浩如烟海。限于编者的水平，难免挂一漏万，不当之处，恳请读者指正。

2013 年 3 月 1 日